영재들을 위한 상위10%

수학 바이러스 시즌2

5 이상한 카드게임

확률과 통계

수학 바이러스 시즌 2 - 5권

정완상 ⓒ, 2022

초판 1쇄 발행일 | 2022년 1월 15일

지은이 | 정완상
그린이 | 이화
발행인 | 박혜정

발행처 | 브릿지북스
출판등록 | 제 2021-000189 호
주소 | 경기도 고양시 일산서구 킨텍스로 284, 1908동 1005호
문의전화 | 070-4197-5228
팩스 | 031-946-4723
이메일 | harry-502@daum.net

ISBN 979-11-92161-05-1
　　　979-11-976702-9-9(세트)

영재들을 위한 상위10%

수학 바이러스

시즌2

❺ 이상한 카드게임

확률과 통계

정완상 지음 | 이화 그림

BRIDGE Books
브릿지북스

들어가는 말

몇 년 전에 런던으로 여행을 갔다가 꼭 가 보고 싶은 작은 도시를 방문했어요. 런던에서 기차를 타고 북쪽으로 한 시간 정도 가면 케임브리지라는 작은 도시가 나오는데 그곳에는 중세풍의 대학 건물들이 즐비하게 늘어서 있답니다. 케임브리지는 킹스 칼리지, 트리니티 칼리지 등 수많은 대학들이 있는 대학도시인데, 바로 이곳에서 미적분학의 창시자인 뉴턴이 공부했고 빅뱅 이론으로 유명한 스티븐 호킹이 수학과 물리학 교수로 재직했어요. 케임브리지를 처음 본 인상은 '아! 이런 곳이라면 세계적인 수학자나 과학자가 나올 수 있겠구나!'였어요.

그래서 이번에 영재들을 위한 수학 추리 동화를 쓰면서 그때 내 머릿속에 강한 인상을 준 케임브리지를 떠올리며 수학 영재들이 모여 사는 매쓰브리지라는 가상의 작은 도시를 설정해 보았어요. 처음에는 우리나라 학교에서 벌어지는 일로 설정할까도 생각해 보았지만 아직까지 케임브리지 대학 같은 세계적인 명문학교가 없다는 점에서 가상의

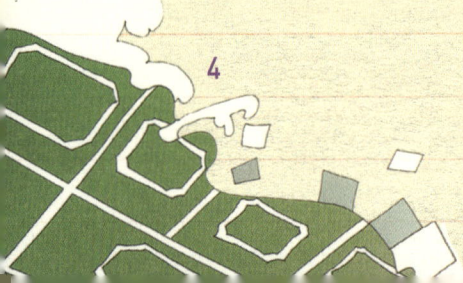

해외 도시로 결정했어요.

　영재들을 위한 수학. 수학 영재란 기계적으로 외워서 문제를 잘 푸는 것이 아니라 새로운 수학 이론을 만들어 낼 수 있는 창의적인 사고를 가진 사람을 말하지요. 그러다 보니 이 시리즈에서는 추리물의 기법을 도입하게 되었어요. 매쓰브리지의 수학영재학교에 유학 온 두 명의 수학 영재와 매쓰브리지에서 벌어지는 일련의 사건들을 통해 수학 영재들에게 사고력을 요구하는 수학 문제에 접근하는 방식을 보여 줄 수 있었어요. 어린이들이 읽는 책이어서 성인 추리물처럼 잔인한 사건은 피했어요.

　또한 이 책에서 페르와 매씨 두 친구는 어려운 문제를 함께 토론하여 해결할 뿐만 아니라 그것을 일반화하는 논문을 완성하여 자신들의 블로그에 올리는 활발한 활동을 하지요. 바로 이것이 제가 수학 영재들에게

당부하고 싶은 훌륭한 수학자가 되는 방식이에요. 이미 수학의 재미있는 내용을 블로그에 올리는 활동을 하는 친구들도 있을 거예요. 하지만 그보다 더 중요한 것은 초등 수학이나 중등 수학에서 배운 내용을 토대로 자신만의 일반화된 공식을 찾아 논문을 만들어 블로그에 올려 보는 것도 좋은 방법입니다. 그러다 보면 다른 수학 영재들이 블로그에 찾아와 자신의 이론에 대한 모순을 발견하고 지적할지도 모릅니다. 그런 과정에서 블로그지기는 진정한 수학 영재로 거듭나게 됩니다.

이런 점을 염두에 두고 이 시리즈를 완성했습니다. 두 명의 수학 영재와 함께 초등 수학의 다섯 영역을 다섯 권의 스토리로 만들었습니다.

1. 수와 연산
2. 도형
3. 문자와 식
4. 규칙성과 함수
5. 확률과 통계

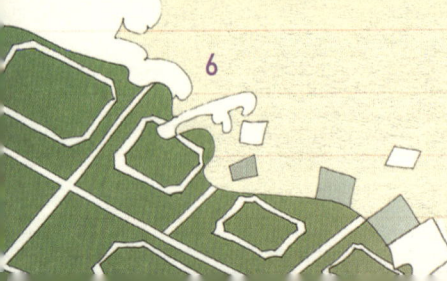

    이 시리즈를 읽고 어려운 수학 문제를 자신만의 방식으로 접근해 보세요. 그러면 즐거운 창의력 수학의 세계가 여러분 앞에 펼쳐질 것입니다.

    끝으로 이 책이 나올 수 있도록 큰 배려를 해 주신 브릿지북스 사장님께 감사의 말을 전합니다.

정완상

추천사

정완상 교수님이 쓰신 『수학 바이러스』의 추천사를 부탁받고서, 전에도 교수님이 쓰신 책을 재미있게 읽은 경험이 있던 터라 교수님께서 이번에는 또 어떤 재미있는 이야기로 수학을 펼쳐 나가실지 궁금했습니다. 원고를 읽으면서 "역시!"라는 감탄사를 연발하면서 어느덧 책의 내용 속으로 빠져 들어갔습니다.

한 편의 탐정소설과 같은 이야기를 재미있는 수학 내용과 함께 이끌어 가는 방식은 기존의 다른 수학책과는 확연하게 구별되는 획기적인 것이라는 생각을 했습니다. 그리고 분명 우리 학생들에게 수학에 대한 흥미와 차원 높은 호기심을 불러일으키기에 충분하다는 확신이 들었습니다.

수학도시 매쓰브리지에 있는 수학영재학교에 한국인 페르라는 남학생과 매씨라는 여학생이 입학을 하게 됩니다. 페르와 매씨는 학교에서 일어나는 미스터리한 사건들의 실마리를 차근차근 풀어

나가고, 이 과정 속에서 흥미로운 수학 이야기가 펼쳐집니다.

　수학은 대단히 재미있고 매력적인 학문이라고 생각합니다. 그러나 많은 사람들은 수학을 어려워하고 심지어는 두 번 다시 보고 싶지 않은 과목이라고도 생각합니다. 수학이 분명 공부하기 쉬운 과목은 아니지만, 다른 과목들에 비해 '끔찍한 과목'으로 취급받는 이유는 무엇일까요?

　무슨 뜻인지 알 수 없는 이상한 기호들, 한줄 한줄 따라가기에도 벅찰 만큼 어렵게 전개되는 수식들……. 이러한 것들이 수학에 대해 막연한 공포를 느끼게 하는 것이 아닌가 생각합니다.

　하지만 다소 어렵다고 느껴지는 내용도 몇 번 보면 쉬워질 수 있습니다. 이해하기 어렵거나 해결하기 어려울 때 며칠 덮어놓았다가 다시 들여다보고 또 덮어놓았다가 들여다보기를 반복하다 보면 어느덧 어려움

자체를 즐기게 되고 또 재미를 느끼게 되는 자신을 발견하게 될 것입니다.

『수학 바이러스』에서 소개되는 '재미와 더불어 호기심을 불러일으키는 수학적 문제 상황'은 이해하기 어려운 수학 문제들도 다시 들춰보고 싶게 하여 마침내 여러분을 신비한 수학의 세계로 안내해 줄 것이며 수학적 즐거움의 경지로 이끌어 줄 것입니다. 다시 말해 『수학 바이러스』는 자신을 영재라고 생각하든 그렇지 않든 수학을 '해 보고 싶다'는 생각을 가진 용기 있는 사람들을 위한 책입니다.

홍선호

배경

수학도시 매쓰브리지는 작은 도시이지만 수학 천재의 메카로 통한다. 오래된 건물들이 즐비한 700년 역사를 자랑하는 매쓰브리지 수학영재학교에는 해마다 전 세계의 내로라하는 수학 영재들이 몰려든다. 이곳에는 필즈메달이나 '수학의 노벨상'이라고 불리는 아벨상을 받은 수학 교수들이 많이 있다. 나이나 국적에 상관없이 특별 인터뷰만으로 학생을 선발하는 매쓰브리지 수학영재학교에 최초로 두 명의 한국인 학생이 입학했다. 어릴 때부터 '수학 천재' 소리를 들었던 페르라는 열두 살 소년과 동갑내기인 매씨라는 소녀가 그 주인공이다. 이곳의 학생들은 초등학생이나 중학생 정도의 나이지만 중고등학교 과정 수준의 수학 수업을 받는다. 또한 이곳의 수업은 다른 학교와는 달리 하나의 과목이 마무리되면 다음 과목을 수강하는 방식으로 진행된다. 두 학생은 수와 연산, 도형, 문자와 식, 규칙성과 함수, 확률과 통계를 차례로 배우게 되는데 매쓰브리지 캠퍼스에서 이상한 사건에 휘말리게 된다.

차례

들어가는 말 • 4

추천사 • 8

배경 • 11

카드 게임 _경우의 수 • 14

신기한 회문수의 세계 _회문수 • 30

도난당한 보석 _원순열 • 39

수상한 두 남자 _0!=1의 증명 • 60

파스칼 빌딩 4층 18호 _직각삼각형 만들기 • 68

루랄 마을에 닥친 위기 _4색 문제 • 78

프로브 교수의 제안 _게임 확률 • 87

사기 게임 _구슬이 나올 확률 • 97

루랄 마을에 찾아온 평화 _이진법 • 109

부록

심화학습 • 128

카드 게임

경우의 수 | ▼ 검색

　11월이 되었다. 여름방학도 없이 두 달에 한 코스씩을 이수해야 하는 매쓰브리지 수학영재학교에서 다섯 번째 코스인 확률과 통계 수업이 시작되었다. 이 코스는 학생들과 카드 게임 하기를 좋아하는 프로브 교수가 맡았다.

　매씨와 페르는 낙엽으로 물든 교정을 보자 고향을 떠나온 외로움이 느껴졌다.

　"매씨, 우리가 한국을 떠나온 지 몇 달이나 됐지?"

　페르가 낙엽을 밟으며 외로운 표정으로 물었다.

　"네 코스를 마쳤으니까 여덟 달."

매씨의 목소리에도 고향을 그리는 마음이 잔뜩 배어 있었다.

청소부 아줌마들이 아무리 쓸어 담아도 그 속도보다 더 빠른 속도로 떨어지는 낙엽들은 낯선 땅에서 지내는 두 사람에게는 쓸쓸함을 더해 주었다.

"리포트 쓸 것도 없는데 기분 전환할 겸 카드 게임이나 할까?"

페르가 제안했다.

"좋아. 요즘 자꾸 찰스 디킨스의 『마지막 잎새』가 생각이 나서 공부에 집중이 잘 안 돼."

매씨가 센티멘털한 표정으로 말했다.

그때 저 멀리서 프로브 교수가 두 사람을 보고 허겁지겁 달려왔다. 어린아이처럼 순수한 마음을 가진 프로브 교수는 나이는 55세이지만 정신연령은 두 사람과 거의 비슷하게 느껴졌다.

"나랑 카드 게임이나 하자."

프로브 교수가 숨을 헐떡이며 말했다.

"헉! 어떻게 우리의 마음을?"

페르가 놀란 얼굴로 매씨를 바라보았다. 매씨도 무척 놀란 얼굴이었다.

"이런 쓸쓸한 계절에는 머리를 식힐 겸 게임에 빠져 보는 것도 나쁘지 않거든. 자, 날 따라오렴."

 프로브 교수는 두 사람의 대답도 듣지 않고 뒤를 돌아 잰걸음으로 걸어갔다. 두 사람은 넋을 잃은 표정으로 서로를 빤히 쳐다보다가 프로브 교수의 방으로 따라갔다. 프로브 교수의 방에는 프라모델, 3차원 게임기, 레고 블록과 온갖 종류의 카드가 있었다. 얼핏 보면 교수의 연구실이 아니라 어린아이의 놀이방이라고 해도 믿을 정도였다. 연구실 한가운데 놓여 있는 원탁에는 네 사람이 앉을 수 있었는데 해리스라는 미국 출신의 소년이 미리 와서 앉아 있었다. 해리스도 교정을 거닐다가 프로브 교수에게 붙잡혀 온 듯했다.

 "좋아! 네 사람 정도는 돼야 게임을 할 맛이 나지."

 프로브 교수는 이렇게 말하고 세계 각국의 카드들을 모아둔 액세서리 장에서 카드 한 벌을 꺼내 와 자리에 앉았다. 매씨와 페르는 해리스와 가볍게 인사를 나누었다.

 "자, 시작해 볼까?"

 프로브 교수가 천진난만한 미소를 지으며 말했다. 게임을 하고 싶어 안달이 난 표정이었다.

 "어떤 게임인데요?"

페르가 물었다.

"카드는 모두 20장이야. 카드에는 1부터 20까지의 수가 차례로 씌어 있지. 먼저 두 카드의 수의 합을 말하고 카드 두 장을 뽑아 두 수의 합이 말한 것과 일치하는 사람이 이기는 거야. 물론 틀린 사람은 벌칙을 받지."

프로브 교수가 카드 열 장을 열심히 섞어 바닥에 놓으며 말했다.

"어떤 벌칙이죠?"

해리스가 물었다.

"그건 나중에 정하기로 하지."

프로브 교수는 입가에 침을 흘리며 기분 나쁜 미소를 지었다. 자신의 승리를 확신하는 표정이었다. 그리고 아이들에게 어떤 벌칙으로 골탕을 먹일까 고민하는 모습도 보였다.

"해리스! 너부터!"

해리스를 손으로 가리키면서 프로브 교수가 소리쳤다.

"10이요."

해리스는 엎어져 있는 열 장의 카드 중에서 두 장을 아무렇게나 뽑아 앞면을 다른 사람들에게 보여주었다. 3과 8이었다.

"3+8=11이니까 틀렸군! 일단 해리스 군은 벌점 −1점이야.

여러 판을 하게 될 테니까 총 점수가 양수가 되려면 맞힌 횟수가 틀린 횟수보다 많아야 할 거야."

프로브 교수는 해리스가 틀리자 마치 어린아이처럼 좋아했다.

다음은 페르의 차례였다. 페르는 '17'을 외쳤다. 하지만 두 장의 카드는 1과 7이 되어 두 수의 합은 8이었다.

"우하하! 너무 큰 수를 불렀어."

프로브 교수가 배꼽을 쥐며 즐거워했다.

매씨는 '14'를 외쳤다. 매씨가 펼친 두 장의 카드는 5와 10이 되어 그 합은 15였다. 상당히 맞히기 힘든 게임이었다. 다음 차례는 프로브 교수의 차례였다. 교수는 자신 있게 '11'을 외쳤다. 그리고 프로브 교수가 뽑은 두 장의 카드는 5와 6이었다.

"내가 이겼어. 5+6=11이야."

프로브 교수는 두 손을 번쩍 들어 올리고는 함박웃음을 지었다. 프로브 교수의 점수 방식대로 하면 프로브 교수만이 +1점이고 나머지 세 사람은 모두 −1점이었다. 이런 식으로 열 판을 하고 난 후 프로브 교수의 점수는 +2점이었고 페르는 −3점, 매씨는 −4점, 해리스는 −7점이었다. 즉, 프로브 교수를 제외한 세 명은 맞힌 경우보다는 맞히지 못한 경우가 더 많았다. 그런데 이상한 것은 프로브 교수가 열 번 내내 똑같이 '11'을 외친 것이었다.

"교수님은 왜 11만 부르시죠? 11을 특별히 좋아하시나요?"

매씨가 어리둥절한 표정으로 물었다.

"모든 게임에는 수학의 원리가 숨어 있어. 이 게임에서는 11을 부르는 경우가 제일 유리해. 그리고 11에 가까운 수를 부를수록 유리하고, 11에서 먼 수를 부를수록 불리하지."

프로브 교수가 모처럼 진지하게 말했다.

"어째서죠?"

페르가 물었다.

"11이 나오는 경우의 수가 제일 많기 때문이야."

프로브 교수가 말했다.

"모든 수가 나오는 경우의 수는 모두 같은 것 아닌가요?"

해리스가 머리를 긁적이며 물었다.

"그럴까? 두 수의 합이 3이 되는 경우는 1과 2의 한 가지 경우만 생기지만 두 수의 합이 5가 되는 경우는 1과 4 그리고 2와 3의 두 가지 경우가 생겨. 직접 헤아려 보는 게 좋겠군."

프로브 교수는 이렇게 말하고는 연구실 한쪽 벽에 걸려 있는 화이트보드로 다가가 다음과 같이 쓰기 시작했다.

두 수의 합	가능한 경우
3	(1, 2)
4	(1, 3)
5	(1, 4), (2, 3)
6	(1, 5), (2, 4)
7	(1, 6), (2, 5), (3, 4)
8	(1, 7), (2, 6), (3, 5)
9	(1, 8), (2, 7), (3, 6), (4, 5)
10	(1, 9), (2, 8), (3, 7), (4, 6)
11	(1, 10), (2, 9), (3, 8), (4, 7), (5, 6)
12	(2, 10), (3, 9), (4, 8), (5, 7)
13	(3, 10), (4, 9), (5, 8), (6, 7)
14	(4, 10), (5, 9), (6, 8)
15	(5, 10), (6, 9), (7, 8)
16	(6, 10), (7, 9)
17	(7, 10), (8, 9)
18	(8, 10)
19	(9, 10)

"그럼 두 수의 합이 나오는 가능한 경우의 수를 기록해 볼까?"

프로브 교수는 가능한 경우의 수를 헤아려 다음과 같이 표로 만들었다.

두 수의 합	가능한 경우의 수	두 수의 합	가능한 경우의 수
3	1가지	12	4가지
4	1가지	13	4가지
5	2가지	14	3가지
6	2가지	15	3가지
7	3가지	16	2가지
8	3가지	17	2가지
9	4가지	18	1가지
10	4가지	19	1가지
11	5가지		

"두 수의 합이 11이 되는 경우가 다섯 가지로, 경우의 수가 제일 많네요."

매씨가 활짝 웃으며 말했다. 아무렇지도 않게 한 게임 속에 수학적 원리가 숨어 있다는 것이 마냥 신기한 표정이었다.

"좋아! 너희들이 다음 문제를 맞히면 오늘 저녁은 내가 쏘지. 너희들이 좋아하는 치킨 요리로."

프로브 교수는 이렇게 말하고는 카드가 보관되어 있는 액세서리 장에서 새로운 카드를 꺼내 왔다. 카드에는 세 개의 숫자가 차례로 씌어 있었다.

첫 번째 카드에는 1, 2, 3이, 두 번째 카드에는 2, 3, 4가, 세 번째 카드에는 3, 4, 5가 씌어 있고, 맨 마지막 카드에는 98, 99, 100이 씌어 있었다.

프로브 교수는 세 사람에게 카드를 보여 주면서 조용히 입을 열었다.

"카드는 모두 98장이야. 이 카드들 중에서 세 수의 합이 7의 배수인 카드는 모두 몇 장일까? 제한 시간은 5분. 맘대로 토론하도록 해."

프로브 교수는 5분짜리 모래시계를 뒤집어 놓더니 연구실 밖으로 나갔다. 이제 프로브 교수의 방에는 세 명의 어린 학생들만 남아 있었다.

"일일이 더해서 7로 나누어 보면 안 될까?"

해리스가 제안했다.

"너무 원시적인 방법이야. 그렇게 해서는 5분 안에 이 문제를 해결 못해."

페르가 단호하게 말했다.

"원리를 찾아야 할 것 같아."

매씨가 새로운 제안을 했다.

"어떤 원리?"

페르와 해리스가 귀를 쫑긋 세웠다.

"아직은 모르겠어. 하지만 카드들의 공통된 성질을 찾아야 할 것 같은데……."

매씨는 자신 없는 얼굴로 말꼬리를 흐렸다. 잠시 세 사람은 골

똘히 생각에 잠겼다. 그 사이에도 모래는 바닥으로 계속 흘러내리고 있었다. 1분쯤 지났을 때 매씨가 무슨 좋은 생각이 있는 듯 무릎을 탁 쳤다.

"매씨! 뭘 발견한 거야?"

페르가 눈을 휘둥그레 뜨고 매씨에게 물었다.

"카드에 적힌 세 수의 합은 항상 3의 배수야."

"그건 왜지?"

"연속한 세 자연수 중에는 반드시 3의 배수가 들어 있고 다른 두 수는 3으로 나눈 나머지가 1인 수와 2인 수거든. 그러니까 세 수를 더하면 3의 배수가 돼."

"일반적으로 증명할 수 있을 거 같아. 세 수가 연속되니까 가장 작은 수를 N이라고 하면 그 다음 수는 N+1이고 가장 큰 수는 N+2가 돼. 그러니까 세 수의 합은

$$N+(N+1)+(N+2)=3\times N+3=3\times (N+1)$$

이 되어 항상 3의 배수가 돼."

"우리가 구해야 하는 것은 세 수의 합이 7의 배수가 되는 카드의 수잖아?"

헤리스가 불만 섞인 목소리로 말했다.

페르와 매씨가 엉뚱한 문제를 풀고 있다고 생각하는 듯했다.

"그렇다면 우리가 구해야 하는 세 수의 합은 3의 배수이면서 동시에 7의 배수가 되어야 해."

매씨가 눈을 부릅뜨고 말했다.

"3과 7의 공배수이니까 21의 배수!"

페르도 눈을 부릅떴다. 하지만 해리스는 두 사람의 토론을 탐탁해하지 않는 눈치였다.

"그 다음에는 어떡하지?"

매씨는 수북이 쌓여 있는 모래를 흘깃 보더니 긴장된 목소리로 말했다. 쌓인 모래의 양으로 볼 때 남은 시간은 1분도 채 되지 않아 보였다.

"글쎄……."

페르도 뒷머리를 긁적거렸다. 그때 갑자기 매씨가 손가락을 튕기며 말했다.

"가만! 첫 번째 카드의 세 수의 합은 6이고, 두 번째 카드의 세 수의 합은 9, 세 번째 카드의 세 수의 합은 12가 되고, 맨 마지막 카드의 세 수의 합은 297이야. 그러니까 297까지의 수 중에서 21

의 배수가 몇 개 생기는지를 따지면 돼."

"그럼 세 수의 합이 4나 5가 되는 경우도 헤아리게 되잖아?"

페르가 되물었다.

"그런 수들은 3의 배수가 아니니까 절대 21의 배수가 될 수 없어. 297까지의 수 중에서 21의 배수가 몇 개인지를 알려면 297을 21로 나눈 몫을 알아야 해.

$$297 = 21 \times 14 + 3$$

이니까 몫이 14야. 그러니까 합이 21의 배수가 되는 카드는 모두 14장이야. 이 카드들이 바로 합이 7의 배수가 되는 카드지."

"브라보! 매씨, 대단한데?……"

페르가 엄지손가락을 들어 보이며 치켜세워 주었다. 그때 프로브 교수가 다시 연구실로 들어왔다.

"14장이라고 했나?"

프로브 교수가 매씨에게 물었다.

매씨는 빙그레 미소를 지으며 고개를 끄덕였다.

프로브 교수는 잠시 눈을 감고 생각에 잠겨 있다가 장난스럽게 눈을 크게 뜨고는 모두를 둘러보며 소리쳤다.

"딩동댕! 무슨 치킨으로 할까? 프라이드? 양념?"

"양념 반 프라이드 반이요."

세 사람이 동시에 소리쳤다. 해리스는 이 토론에 별로 기여한 바가 없었지만 프로브 교수가 사 준 치킨을 소비하는 데는 가장 많은 기여를 했다.

프로브 교수와의 만남은 쓸쓸한 늦가을에 두 사람의 외로움을 달래 주기에 충분했다.

신기한 회문수의 세계

| 회문수 | ▼ 검색 |

프로브 교수는 칠판에 다음과 같이 썼다.

15851

radar

기러기

그러고는 뒤돌아서서 학생들에게 물었다.

"이 세 단어의 공통점은 뭐지?"

매씨가 손을 번쩍 들었다. 프로브 교수는 턱을 들어 매씨에게 말하라는 신호를 보냈다.

"앞으로 읽어도 뒤로 읽어도 같아집니다."

"맞아. 이렇게 앞에서 읽으나 뒤부터 읽으나 같아지는 단어나 문장을 '회문'이라고 하고, 15851처럼 앞에서 읽으나 뒤부터 읽으나 같은 수가 되는 수를 '회문수'라고 하지. 그럼 회문수를 한번 만들어 볼까?"

프로브 교수는 칠판에 몇 개의 연산 문제를 적었다.

$$11 \times 11 =$$
$$111 \times 111 =$$
$$1111 \times 1111 =$$
$$11111 \times 11111 =$$
$$111111 \times 111111 =$$
$$1111111 \times 1111111 =$$
$$11111111 \times 11111111 =$$
$$111111111 \times 111111111 =$$

"자! 그럼 계산을 해 볼까?"

프로브 교수는 계산기를 꺼내 주어진 연산을 계산하더니 답을 적어 내려 갔다.

"우와! 모두 회문수가 되었어."

"수의 마술이야."

아이들이 웅성거렸다. 모두 놀란 눈으로 칠판을 바라보았다. 프로브 교수는 미소를 지으며 아이들에게 말했다.

"이것이 바로 1만을 이용하여 1부터 9까지의 모든 숫자를 만들어 내는 수의 피라미드야. 얼마나 멋있니? 이것이 수학의 아름다움이지. 그렇다면 이제 과제를 내야겠군. 여섯 자리의 회문수는 모두 몇 개인지를 조사해서 오늘 밤 12시까지 이메일로 보내도록."

프로브 교수는 이렇게 말하고는 강의실을 나갔다.

"매씨! 정말 신기하지 않았어?"

페르가 아직도 얼이 빠진 표정으로 칠판에 적혀 있는 회문수들을 바라보며 말했다.

"믿어지지가 않아. 저런 건 누가 찾아냈는지 모르겠어."

매씨도 어리둥절해하는 얼굴이었다.

그러는 사이에 학생들은 모두 나가고 텅 빈 강의실에는 두 사람만이 앉아 있었다.

"이런…… 과제를 해결해야 하잖아?"

페르가 시계를 흘깃 보며 다급한 표정으로 말했다. 수업이 다섯 시에 끝났으므로 저녁을 먹고 서두르지 않으면 과제 마감 시간을 놓칠지도 모르기 때문에 두 사람의 얼굴에는 불안감이 감돌았다. 서둘러 짐을 챙겨 강의실을 나온 두 사람은 가까운 빵가게에서 우유와 샌드위치를 사서 서둘러 페르의 방으로 갔다. 그러고는 본격적으로 과제에 몰입했다.

"설마 여섯 자리의 회문수를 모두 써서 찾으라는 것은 아니겠지?"

매씨가 툭 내뱉었다.

"그건 미친 짓이야. 물론 컴퓨터를 이용하여 모든 회문수를 출력할 수는 있지만 교수님이 원하는 것은 그게 아닐 거야. 어떤 규칙을 찾아야 해."

페르가 단호하게 말했다.

"회문수에 어떤 규칙이 있을까?"

"글쎄……."

두 사람은 어디서부터 접근해야 할지 갈팡질팡했다. 잠시 동안 샌드위치와 우유를 먹으면서 두 사람은 말이 없었다. 머릿속으로 문제를 해결하기 위한 알고리즘을 짜고 있는 듯했다. 잠시 후 샌드위치를 다 먹은 매씨가 눈을 크게 뜨고 페르에게 말했다.

"여섯 자리의 수는 ABCDEF라고 놓을 수 있잖아? A에는 0이 올 수 없으니까 1부터 9까지의 수만 가능하고 B, C, D, E, F에는 0이 와도 되니까 0부터 9까지의 수가 가능해. 그러니까 여섯 자릿수의 개수는

$$9 \times 10 \times 10 \times 10 \times 10 \times 10 = 900000(개)$$

이야."

"90만 개? 우와 정말 많네. 프로그램으로 찾는다 해도 시간이 많이 걸리겠는데……."

페르가 머릿속으로 90만 개의 여섯 자릿수에서 회문수를 찾는 컴퓨터 프로그램을 떠올리며 손사래를 쳤다. 그러더니 뭔가 생각이 난 듯 매씨를 쳐다보며 말했다.

"회문수는 앞에서 읽어도 뒤부터 읽어도 같은 수가 되어야 하잖아? 그러니까 A와 F, B와 E, C와 D는 같은 수가 돼."

"그렇다면 여섯 자리의 회문수는 ABCCBA의 꼴이야."

"생각보다 간단한 문제였어. A에 들어갈 수 있는 수는 1부터 9까지의 9가지이고 B와 C에 들어갈 수 있는 수는 0부터 9까지의

10가지이니까 여섯 자리 회문수의 개수는

$$9 \times 10 \times 10 = 900(개)$$

이 돼."

"생각보다 많네."

예상보다 쉽게 과제를 처리한 두 사람은 시간이 남아 영화관으로 갔다. 수학 천재인 범인을 추적하는 수학 탐정 이야기를 다룬 영화였는데, 생각보다 사람이 많아 두 사람은 맨 앞자리에서 2시간 내내 고개를 치켜들고 봐야 했다. 하지만 영화의 내용이 신선하고 신기한 수학적 내용이 많이 등장해 지루하지는 않았다.

두 사람은 다시 페르의 방으로 와서 과제의 내용을 좀 더 보강하는 논문을 작성했다.

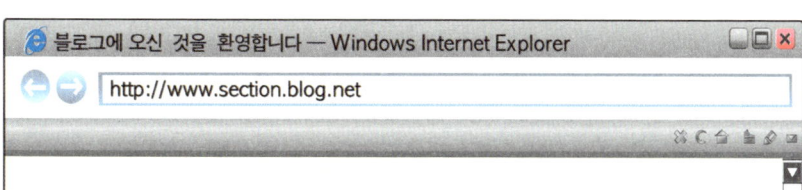

논문_ 일반적인 회문수의 수

– 페르와 매씨, KOREA

이 논문에서 우리는 일반적으로 N자릿수의 회문수가 몇 가지 가능한지에 대해 조사한다. 회문수는 123321처럼 짝수 개의 수로 이루어진 것도 있고 12321처럼 홀수 개의 수로 이루어진 경우도 있다.

먼저 짝수 개의 수로 이루어진 N자리의 회문수를 보자. 이때 $N=2 \times n$이라고 하면 회문수의 일반적인 꼴은

$$a_1 a_2 \cdots a_n a_n \cdots a_2 a_1$$

이 된다. 이때 a_1에 들어갈 수 있는 수는 1부터 9까지의 9가지이고 $a_2, a_3, \cdots, a_n$에 들어갈 수 있는 수는 0부터 9까지의 10가지이니까 $2 \times n$자리 회문수의 개수는

$$9 \times 10^{n-1} (개)$$

이 된다. 여기서 10^{n-1}은 $(n-1)$개의 10을 서로 곱한 것을 뜻한다.

이번에는 홀수 개의 수로 이루어진 N자리의 회문수를 보자. 이때 $N=2\times m+1$이라고 두면 회문수의 일반적인 꼴은

$$a_1 a_2 \cdots a_m a_{m+1} a_m \cdots a_2 a_1$$

이 된다. 이때 a_1에 들어갈 수 있는 수는 1부터 9까지의 9가지이고 $a_2, a_3, \cdots, a_m, a_{m+1}$에 들어갈 수 있는 수는 0부터 9까지의 10가지이니까 $(2\times m+1)$자리 회문수의 개수는

$$9\times 10^m (개)$$

이 된다.

도난당한 보석

원순열 ▼ 검색

페르와 매씨는 아침식사를 마치고 새로운 과제에 몰두했다. 그것은 서로 다른 대상을 일렬로 배열하는 방법에 대한 일반적인 규칙을 찾는 것이었다.

"우선 두 개를 배열하는 것부터 시작하자."

매씨가 제안했다. 두 개의 문자를 a, b라고 할 때 두 문자를 일렬로 배열하는 방법은 다음과 같이 두 가지였다.

$$a\ b$$
$$b\ a$$

"가만…… 그럼 세 개의 문자를 배열하는 방법은 세 가지가 아닐까?"

페르가 생각 없이 툭 내뱉었다.

"너무 간단하잖아?"

매씨는 고개를 갸웃거리더니 문자 a, b, c를 일렬로 배열하는 서로 다른 경우를 모두 나열했다.

a b c

a c b

b a c

b c a

c a b

c b a

"어라! 여섯 가지가 나오네."

페르가 민망한 듯 얼굴을 붉혔다.

두 사람은 네 개의 문자를 배열하는 서로 다른 경우를 모두 나열해 보았다.

abcd　bacd　cabd　dabc

abdc　badc　cadb　dacb

acbd　bcad　cbad　dbac

acdb　bcda　cbda　dbca

adbc　bdac　cdab　dcab

adcb　bdca　cdba　dcba

모두 24가지였다. 두 사람은 서로의 얼굴을 빤히 쳐다보았다. 당황해하는 표정이 역력했다.

"일정한 규칙이 없는 거 같아."

페르가 한숨 섞인 소리로 말했다.

"가만…… 6=2×3이고 24=2×3×4잖아?"

매씨가 환하게 미소를 지으며 말했다. 그러고는 다음과 같이 표로 정리했다.

문자의 개수	일렬로 배열하는 방법의 수
2	2(가지)
3	2×3(가지)
4	2×3×4(가지)

그러자 페르는 어떤 수에 곱해도 1은 그 수가 달라지지 않는다는 사실로부터 표의 내용을 다음과 같이 고쳐 썼다.

문자의 개수	일렬로 배열하는 방법의 수
2	1×2(가지)
3	1×2×3(가지)
4	1×2×3×4(가지)

"정말 멋진 규칙이야. 그러니까 다섯 개의 문자를 일렬로 배열하는 경우의 수는

1×2×3×4×5=120(가지)

이 될 거야."

매씨는 환호성을 지르며 다섯 개의 문자 a, b, c, d, e를 일렬로 배열하는 서로 다른 경우를 모두 나열해 보았다. 시간이 조금 걸린 후에 두 사람은 몇 가지 경우가 나왔는지를 헤아려 보았다. 두 사람이 예측한 대로 다섯 개의 문자를 일렬로 배열하는 방법은 정확하게 120가지였다.

"좋아! 우리, 새로운 기호를 도입해 보는 게 어떨까?"

페르가 제안했다.

"어떤 기호?"

매씨가 무슨 말인지 모르겠다는 얼굴로 물었다.

"1부터 어떤 수까지 차례로 곱한 것은 그 수의 뒤에다 !를 붙여 쓰는 거야. 예를 들어 $1 \times 2 \times 3 = 3!$, $1 \times 2 \times 3 \times 4 = 4!$ 이렇게 말이야."

"왜 느낌표지?"

"느낌이 좋으니까……."

"헐……."

페르의 제안에 매씨는 기가 막혔지만 마땅히 다른 기호가 생각나지 않아 페르의 기호를 사용하기로 결정했다. 그래서 표는 마지막으로 다음과 같이 수정되었다.

문자의 개수	일렬로 배열하는 방법의 수
2	2!(가지)
3	3!(가지)
4	4!(가지)

그러므로 일반적으로 N개의 문자를 일렬로 배열하는

방법의 수는 N!(가지)이었다. 두 사람이 일반적인 공식을 완성했을 즈음 전화벨이 울렸다.

'따르르릉~'

"누구세요?"

페르가 전화를 받았다.

"매씨하고 지금 당장 주얼리 뮤지엄으로 나와."

셤즈 형사의 목소리였다.

"우린 보석에는 관심 없어요. 아직 순수한 어린이란 말이에요."

페르가 투덜댔다.

"이번 기회가 아니면 볼 수 없는 진귀한 보석이야. 잔말 말고 당장 나와."

셤즈 형사는 이렇게 말하고는 일방적으로 전화를 끊었다. 페르는 대충 세수를 하고는 매씨의 방문을 두드렸다.

"주얼리 뮤지엄에 가자는 거지?"

매씨가 방문을 열고 환하게 웃으며 말했다. 셤즈 형사가 매씨에게도 전화를 한 모양이었다.

"우리가 그런 걸 왜 봐야 하는데……."

페르가 아직도 화가 덜 풀린 어투로 말했다.

"나 같은 공주에게는 세계적인 보석을 본다는 것은 중요한 일이지. 언젠가 내가 세계 최고의 수학자가 되어 필즈메달을 타게 되면 그 상금으로 살 수도 있는 일이잖아?"

"헐……."

페르는 기가 막혔다. 매씨의 공주병 증상에 잠이 확 달아나는 느낌이었다. 두 사람은 서둘러 주얼리 뮤지엄으로 갔다.

"얘들아! 여기야."

주얼리 뮤지엄 입구에서 셤즈 형사가 두 사람을 보고 반갑게 소리쳤다.

"도대체 무슨 보석인데 일요일 아침부터 호들갑이세요?"

페르가 얼굴을 찡그리며 말했다.

"기원전 이집트 시대의 보석이 최근에 발견됐대. 오늘만 전시한다고 하니까 얼마나 대단한 보석인지 한번 보려고……."

셤즈 형사가 어린아이같이 신바람이 나서 말했다. 마치 소풍에 들떠 있는 유치원생처럼 보였다.

"셤즈 형사님! 오셨습니까?"

주얼리 뮤지엄의 사장인 트럼프 씨가 셤즈 형사를 매우 반갑게 맞이했다.

"초대해 주셔서 고마워요. 얘들은 제가 아주 좋아하는 수학 천재들이죠."

셤즈 형사는 트럼프 사장에게 둘을 소개했다. 세 사람은 트럼프 사장을 따라 뮤지엄 안으로 들어갔다. 입구에는 입장을 기다리는 줄이 길게 늘어서 있었지만 사장의 특별 초청으로 매씨와 페르는 줄을 설 필요가 없었다. 셤즈 형사와 사장과의 인연은 몇 년 전 뮤지엄에 전시된 보석이 도난을 당했을 때 셤즈 형사가 신속하게 범인을 잡아 보석을 찾아 준 데서 시작되었다. 그 후 동갑내기인 두 사람은 친구처럼 지냈고 볼만한 전시회가 있을 때마다 사장이 셤즈 형사에게 초대장을 보내 준 것이었다.

"사람이 꽤 많네요."

셤즈 형사가 사장에게 말했다.

"보석 마니아들은 거의 다 초청했습니다. 하하하~"

트럼프 사장이 함박웃음을 지으며 말했다.

"그래요? 발 디딜 틈도 없이 복잡하네요."

"셤즈 형사님이 보석을 가까이서 볼 수 있도록 특별석을 마련해 두었어요."

트럼프 사장은 이렇게 말하고는 직원을 불러 세 사람을 특별석으로 모시게 했다. 자신은 다른 귀빈을 만나기 위해 잠시 자리를 비워야 했기 때문이다. 20대 초반으로 보이는 남자 직원이 세 사람을 홀 한가운데로 데리고 갔다. 홀 중앙에는 원형 테이블이 놓여 있었고 원형 테이블을 중심으로 의자들은 동심원을 그리고 있었다. 세 사람이 앉은 곳은 원형 테이블에서 가장 가까운 거리에 있는 곳이었다.

잠시 후 모든 사람이 자리에 앉자, 트럼프 사장이 눈이 부실 정도로 빛이 나는 보석 상자를 조심스럽게 들고 와 상자를 테이블 위에 놓았다.

"이제부터 세상에서 가장 오래된 보석 장신구를 소개하겠습니다. 이 작품은 주얼리 뮤지엄에서 세계 최초로 소개하게 됩니다. 기원전 1000년경 이집트 왕국의 여왕의 장신구로 알려진 보석입니다."

트럼프 사장은 이렇게 말하고는 조심스럽게 상자 뚜껑을 열었다. 안에서 새어나오는 빛은 상자에서 나오는 빛과는 비교도 되지 않을 정도로 밝았다.

트럼프 사장이 상자에서 꺼낸 보석은 원판 모양에 세 개의 색깔이 다른 보석이 같은 넓이로 장식되어 있었다. 붉은색의 루비,

노란색의 다이아몬드, 파란색의 사파이어가 박혀 있었다.

"이야…… 정말 굉장하네~ 제법 비싸겠는걸?"

섬즈 형사의 눈이 휘둥그레졌다.

"뭐가 굉장한지 잘 모르겠는데요."

페르가 아직도 화가 덜 풀린 어투로 툭 내뱉었다.

"저런 색깔의 보석은 처음 봐요. 그리고 세 개의 보석이 완벽하게 원을 3등분하고 있어요."

매씨가 탄성을 질렀다.

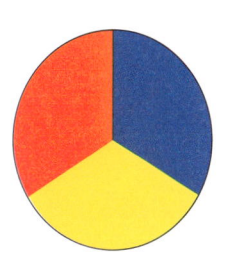

"기원전에 이집트 왕국은 수학이 아주 발달해 있었어. 원을 3등분하는 것은 그들에게 그리 어려운 문제가 아니었지. 원은 한 바퀴가 360도이니까 중심각이 120도인 부채꼴 세 개로 나누면 완벽하게 3등분이 돼."

페르는 보석에는 별 관심이 없는 듯했지만 보석의 수학적인 구조에 대해서만 짧게 언급했다.

많은 보석 마니아들과 입장객들은 모두 보석 원판에서 뿜어져 나오는 뭐라 표현할 수 없는 신비한 빛의 매력에 푹 빠졌다.

"다들 와 주셔서 감사합니다. 우리 주얼리 뮤지엄은 항상 여러분에게 새로운 보석을 전시합니다. 앞으로도 많은 이용 부탁드립니다."

트럼프 씨는 기분이 매우 좋아 보였다.

"아저씨! 저 화장실 좀 다녀올게요."

"그래. 페르! 어서 다녀와."

페르는 쏜살같이 화장실로 달려갔다. 그때 밖에서 누군가의 대화 소리가 들려왔다.

"틀림없어요. 다이아몬드, 루비, 사파이어가 박혀 있습니다."

"사람들이 너무 많아……. 곤란하겠어……."

"아닙니다. 제게 좋은 방법이 있습니다."

두 남자의 대화 소리가 어렴풋이 나지막하게 들려왔다.

페르는 숨을 죽이고 문에 귀를 갖다 댔다.

"조심해! 섬즈 형사도 와 있어."

"예, 알겠습니다."

대화가 끝났는지 구두 소리가 점점 멀어졌다. 화장실을 나선 페르는 기분이 영 찜찜했다.

"페르! 왜 이렇게 오래 걸렸어? 혹시 변비? 하하하~"

"셤즈 아저씨!"

"왜?"

페르는 화장실에서 들은 얘기를 셤즈 형사에게 말하려다가 잠시 머뭇거렸다. 누군지 얼굴도 모르기 때문이었다. 더구나 셤즈 형사는 연신 보석의 원판을 촬영하느라 분주했다.

"어머!"

"아무것도 안 보여! 불 좀 켜 주세요."

많은 사람이 당황하여 웅성거리기 시작했다. 갑자기 뮤지엄에 정전이 된 것이었다.

"빨리 불 켜. 비상 발전기를 작동시키라고!"

트럼프 사장이 원탁을 팔로 에워싸며 소리쳤다. 혹시라도 어둠을 틈타 보석 원판이 사라질까 봐 그러는 것이었다.

직원이 발전기를 잽싸게 작동시켜 1분 정도 지난 뒤에 불이 다시 켜졌다.

"갑자기 웬 정전이야?"

트럼프 사장은 곧장 보석의 원판을 확인했다.

다행히 원판은 그 자리에 그대로 있었다.

"휴우~ 깜짝 놀랐네……."

트럼프 사장은 안도의 한숨을 내쉬었다.

사람들은 다시 보석의 원판을 촬영하느라 분주했다.

"페르, 보석 원판이 이상해."

보석 원판을 뚫어지게 보던 매씨가 고개를 갸우뚱거리며 말했다. 페르는 보석 원판을 들여다보았다.

"맞아, 바뀌었어. 이건 가짜야."

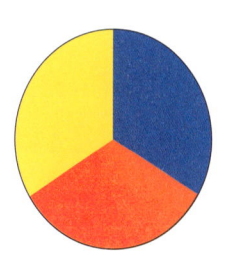

페르가 크게 소리쳤다.

그 소리에 트럼프 사장과 셤즈 형사가 동시에 페르를 쳐다보았다. 두 사람의 얼굴은 잔뜩 긴장한 모습이었다.

"뭐가 가짜라는 거지?"

셤즈 형사가 물었다.

"보석의 배치가 달라졌어요."

매씨가 말했다.

"원판이니까 어느 방향에서 보는가에 따라 배치가 달라 보이는 거 아닌가?"

셤즈 형사가 머리를 긁적이며 말했다.

"그런 문제가 아니에요. 정전이 되기 전의 원판과 이 원판은 완전히 달라요. 빙글빙글 돌린다고 같아지는 게 아니에요."

매씨가 확신에 찬 표정으로 말했다.

"정전이 되었을 때 범인이 가짜와 바꾸어 놓은 게 틀림없어요. 아저씨! 이럴 때가 아니에요. 빨리 출구를 폐쇄하세요."

페르가 다급하게 소리쳤다.

두 사람의 말이 잘 이해되지는 않았지만 혹시나 하는 마음에 셤즈 형사는 전화를 걸어 주얼리 뮤지엄의 출구를 봉쇄했다.

출구를 지키고 있던 경비의 말로는 정전이 된 후 밖으로 나간 사람은 없다고 했다. 그러므로 매씨와 페르의 말대로 보석이 바뀌었다면 범인은 아직 뮤지엄 안에 있는 셈이었다.

"난 아직도 뭐가 바뀌었다는 건지 잘 모르겠구나."

셤즈 형사가 턱을 만지작거렸다.

"이건 원순열의 문제예요."

페르가 말했다.

"그게 뭐지?"

셤즈 형사가 물었다.

"서로 다른 세 가지 색을 원에 배열하는 방법의 수를 따지는 문제이지요. 처음의 보석 원판을 보죠.

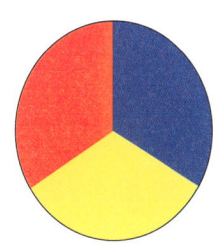
시계 방향으로 색을 말해 보면 빨강-파랑-노랑이 돼요. 이렇게 빨강-파랑-노랑이 같은 방향으로 돌아가는 위치에 있으면 같은 경우로 보는 거예요. 즉, 이 경우는 보석 원판이 바뀌지 않았음을 의미하죠."

"그럼 원에 세 가지 보석을 배열하는 방법은 이 한 가지뿐인가?"

셤즈 형사가 다시 물었다.

이번에는 매씨가 빙긋 웃으며 말했다.

"그건 아니에요. 두 번째 보석 원판을 보죠.

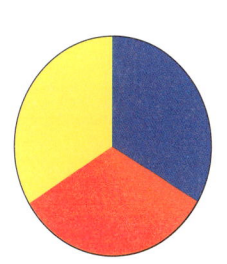
여기서 빨강-파랑-노랑의 순으로 돌리면 어느 방향이죠?"

"시계 방향의 반대가 되는군."

셤즈 형사가 자신 있게 말했다.

"이렇게 보석을 배열하는 방법은 다른 경우예요. 일반적으로 원에 세 가지 보석을 배열하는 방법은 이렇게 두 가지이지요. 그러니까 두 개의 보석 원판은 서로 다른 거예요. 정전이 일어났을 때 범인이 가짜 보석을 박아 만든 원판으로 바꾸어 놓은 게 틀림없어요."

매씨가 확신에 찬 표정으로 말했다.

셤즈 형사는 보석 감정사를 불러 테이블 위에 놓인 원판 속의 세 보석을 감정하게 했다. 매씨의 말대로 세 개의 보석은 가짜였다. 셤즈 형사는 뮤지엄에 남아 있는 사람들의 소지품을 조사하여 진짜 보석 원판을 가지고 있던 두 명의 범인을 잡는 데 성공했다.

그날 저녁 매씨와 페르는 원순열의 일반적인 공식에 대한 논문을 자신들의 블로그에 올렸다.

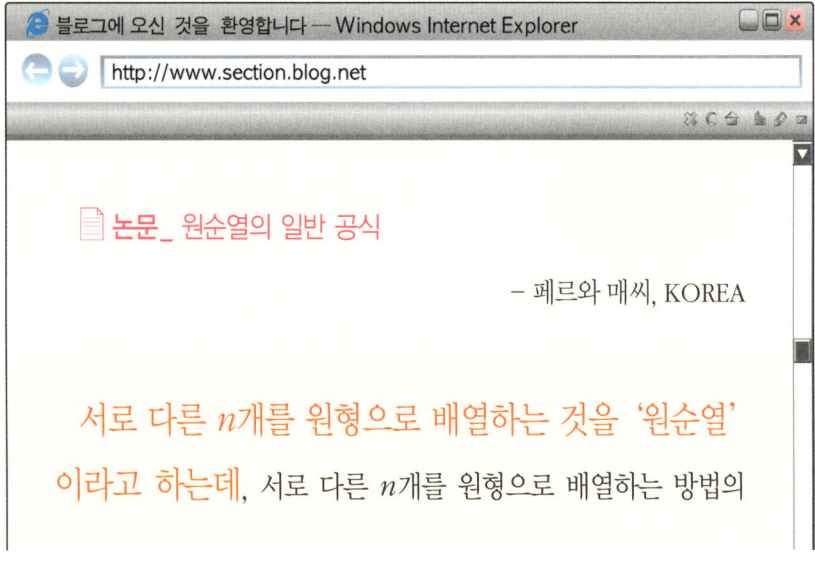

수는

$$\frac{n!}{n} = (n-1)!$$

이다.

왜 그런지 예를 들어 보자. A, B, C명을 원탁에 앉히는 방법을 알아보자. 얼핏 보면 3!=6가지일 것 같다. 하지만 원탁을 돌려 보면 똑같은 경우가 생기게 되는데 그 경우의 수가 세 가지이다. 그러므로 여섯 가지를 3으로 나눈 경우가 서로 다른 경우의 수에 해당하므로

$$\frac{3!}{3} = 2! = 2(가지)$$

가 된다. 일반적으로 n개의 대상을 원형으로 배열하는 경우는 원을 돌려 보면 n가지의 같은 경우가 나타나므로 n개를 일렬로 배열하는 경우의 수인 $n!$을 n으로 나눈 값이 된다.

수상한 두 남자

`0!=1의 증명 ▼ 검색`

    매씨와 페르는 점심을 먹고 스쿼시 게임을 했다.

    과제가 없었기 때문에 두 사람에게 모처럼 놀 수 있는 오후 시간이 주어진 것이다.

    3세트 경기를 해서 진 사람이 카페에서 음료수를 사기로 했다. 페르가 열심히 스매싱을 날려 보았지만 구석구석을 파고드는 매씨의 스매싱에는 당해낼 수가 없었다. 결국 2 : 1로 페르가 졌다.

    페르는 뚱한 표정으로 매씨에게 말했다.

    "내가 졌어. 샤워하고 나와. 약속대로 음료수 쏠게."

    "오케이!"

매씨는 천진난만하게 웃었다.

두 사람은 가볍게 샤워를 마치고 스포츠 센터에서 가장 가까운 카페에 들어가 매실주스를 주문했다.

"많이 늘었네."

페르가 빨대로 음료수를 마시며 말했다.

일 년 정도 스쿼시를 한 페르에 비하면 매씨는 최근에 처음 스쿼시를 접한 상태였다. 하지만 여자 특유의 섬세함으로 치기 힘든 곳으로 공을 보내는 통에 페르는 오늘 처음으로 매씨와의 경기에서 지고 만 것이다.

두 사람은 음료수를 다 마시고 책을 꺼내 조용히 독서 삼매경에 빠졌다. 카페의 창살로 들어오는 햇빛을 받으며 독서를 하면 집중이 잘되기 때문이었다.

두 사람은 확률을 실생활에 적용하는 내용이 담긴 책을 읽고 있었다. 이 책은 이번 코스를 맡은 프로브 교수가 강력하게 추천한 도서였다.

그때 두 사람의 뒤 테이블에 험상궂은 인상의 두 사내가 들어와 자리를 잡고 앉았다. 한 사람은 40대, 다른 한 사람은 20대 정도로 보였다. 날카로운 눈빛으로 주위를 둘러보는 40대의 남자에게 젊은 남자가 작은 목소리로 말했다.

"여섯 시까지 파스칼 빌딩 cdba호로 오세요. 그때까지는 시스템이 모두 구축되어 있을 거예요."

"그럼 언제 오픈할 수 있지?"

40대 남자가 묵직한 목소리로 물었다.

"오셔서 시범 작동을 한 후에 오류가 없으면 내일 오전 아홉 시부터 오픈될 거예요. 홍보 전략은 모두 세워 놓았어요."

젊은 남자가 주위를 두리번거리며 나지막한 목소리로 말했다.

"좋아, 그럼 그때 보지."

40대 남자는 이렇게 말하고는 자리에서 일어나 카운터로 향했다. 젊은 남자도 자리에서 일어나 40대 남자를 따라갔다. 음료수 값을 지불하고 두 사람은 카페 밖으로 나갔다.

"파스칼 빌딩에 cdba호가 있어?"

페르가 이상한 눈빛으로 두 사람이 나간 문을 쳐다보며 물었다.

"파스칼 빌딩은 4층 건물이야. 한 층에 여섯 개의 방이 있으니까 모두 24개의 방이 있고, 방의 호수는 1호실부터 24호실까지야. cdba호라는 것은 처음 들어보는데……."

매씨가 눈을 깜빡거렸다.

"수상한 사람들이야. 뭔가 나쁜 짓을 벌이려는 것 같아."

"인상이 좋아 보이지는 않았어. 무슨 일일까?"

"일단 cdba호가 어딘지를 알아야겠지……."

페르는 턱을 만지작거리며 생각에 잠겼다. 하지만 아무리 머리를 굴려 봐도 cdba호가 몇 호를 나타내는지는 알 길이 없었다.

"우리 어제 **네 개의 문자를 일렬로 배열하는 경우의 수는 $4!=24$(가지)**라는 것을 알아냈잖아?"

매씨가 무언가 생각이 난 듯 소리쳤다.

"그게 왜?"

페르가 무슨 말인지 몰라 어리둥절해했다.

"파스칼 빌딩은 방의 개수가 24개잖아. 혹시 cdba호가 그 방 중 하나를 나타내는 거 아닐까?"

"하지만 cdba호가 몇 호인지 어떻게 알아?"

"사전식 배열 문제인지도 몰라."

"그게 뭐지?"

페르가 물었다.

"영어 사전에는 단어가 알파벳 순서로 배열되어 있잖아? 그러니까 a, b, c, d로 만들 수 있는 모든 배열을 영어 단어인 것처럼 생각하면 가장 첫 번째 나오는 단어는 abcd이고 그 다음 단어는 abdc가 되고 맨 마지막 단어는 dcba가 돼."

매씨가 노련한 탐정처럼 눈을 가늘게 뜨고 말했다.

"그럼 순서대로 나열해 볼까?"

페르가 눈을 반짝이며 말했다.

"그럴 필요는 없을 것 같아. 우선 a로 시작하는 단어가 몇 개인지를 알아볼 필요가 있어. a로 시작하는 단어는 cdba보다 앞에 나오니까."

매씨가 손을 내저으며 말했다.

"a가 맨 앞에 오면 뒤에 세 문자를 일렬로 배열하는 경우의 수를 찾으면 되니까 그때의 경우의 수는 3!=6(가지)이야."

페르가 계산 결과를 말했다.

"b로 시작되는 단어들도 cdba보다 앞에 나오고 그 개수는 3!=6(가지)이야."

매씨가 말했다.

"이제 c가 맨 앞에 나오는 경우를 따질 차례군. 하지만 c가 맨 앞에 오는 단어가 모두 cdba보다 앞에 오는 것은 아니잖아?"

"하지만 ca로 시작하는 단어는 모두 cdba보다 앞에 나와. ca로 시작하는 단어는 뒤의 두 문자를 배열하기만 하면 되니까 그 수는 2!=2(가지)야. cb로 시작하는 단어도 cdba보다 앞에 나오게 되고 그 수는 2!=2(가지)야."

"이제 cd로 시작하는 단어만 남았어. cd로 시작하는 단어는 cdab와 cdba 둘뿐이야. 이 중 cdba보다 앞에 나오는 것은 cdab 한 경우뿐이야."

"그렇다면 cdba보다 앞에 나오는 단어의 수는

$$6+6+2+2+1=17(개)$$

이야."

"그렇다면 cdba는 18번째 단어가 돼. 그러니까 두 사람이 얘기한 방은 바로 18호실이야."

두 사람은 토론을 통해 낯선 두 사내가 말한 방이 파스칼 빌딩 18호실임을 알아냈다.

매씨와 페르는 이 내용을 정리하여 자신들의 블로그에 올렸다.

블로그에 오신 것을 환영합니다 — Windows Internet Explorer

http://www.section.blog.net

📄 **논문_ 0!=1의 증명**

– 페르와 매씨, KOREA

이 논문에서 우리는 0!=1임을 증명해 보이려고 한다. 우선 !의 정의에 따라

$$1!=1$$
$$2!=2$$
$$3!=6$$

$$4!=24$$
$$5!=120$$

이 된다. 이 식을 자세히 살펴보면 다음과 같은 관계가 있음을 알 수 있다.

$$2!=2\times1!$$
$$3!=3\times2!$$
$$4!=4\times3!$$
$$5!=5\times4!$$

그러므로 일반적으로 다음과 같은 식이 성립한다고 볼 수 있다.

$$N!=N\times(N-1)!$$

이 식의 양변에 N=1을 대입하면

$$1!=1\times0!$$

이고, 1!=1이므로 0!=1이 됨을 알 수 있다.

파스칼 빌딩 4층 18호

| 직각삼각형 만들기 | ▼ | 검색 |

  매씨와 페르는 자전거를 타고 파스칼 빌딩으로 달려갔다.
  파스칼 빌딩은 벤처 사업체들이 입주해 있는 벤처 빌딩으로, 매쓰브리지 수학영재학교의 지원을 받고 있었다. 두 사람은 4층에 있는 18호를 찾았다. 18호의 문 앞에는 '주식 프로그램 연구소'라는 작은 간판이 붙어 있었다.
  페르가 조심스럽게 방문을 노크했다. 하지만 아무 소리도 들리지 않자 손잡이를 살짝 돌려 보았다. 문은 잠겨 있지 않았다.
  페르는 매씨에게 따라오라는 신호를 보내고는 방문을 살짝 열고 조심스럽게 안으로 들어갔다. 방 안에는 아무도 없었다. 세 개의 책상이 놓여 있고 그 위에는 구닥다리 컴퓨터 세 대가 공유기를 통해 연결되어 있었다.

컴퓨터는 무슨 작업을 하는지 위~잉 소리를 내며 돌아가고 있었다. 복잡한 프로그램이 작동 중인 것 같았다.

페르는 그중 가장 큰 컴퓨터 앞으로 다가갔다.

숫자들만으로 이루어진 문장이 눈이 핑핑 돌 정도로 빠르게 돌아가고 있었다. 하지만 그 숫자들이 무엇을 나타내는지는 도통 알 수 없었다.

"뭐 하는 곳일까?"

페르가 뒤에서 모니터를 응시하고 있는 매씨에게 물었다.

"글쎄…… 주식으로 돈을 버는 프로그램을 만드는 곳 아닐까?"

매씨가 생각나는 대로 말했다.

"무슨 프로그램인지 알 수가 없어. 내가 아는 컴퓨터 언어는 아닌 것 같아. 이렇게 숫자들만 배열되어 있는 프로그램은 처음 보거든."

"숫자가 0과 1뿐이야."

"그러게 말이야."

"혹시 암호 같은 걸 만드는 회사 아닐까?"

매씨가 눈을 반짝이며 말했다. 일단 현장을 디지털카메라로 촬영한 뒤 두 사람은 방을 빠져나왔다.

두 사람은 간단하게 저녁을 때우고 페르의 방으로 갔다. 페르는 휴대전화를 충전대에 올려 놓았다. 배터리가 완전히 방전되었기 때문이다. 잠시 후 휴대전화에서 이메일 도착 알림을 알리는 띵똥 하는 소리가 들렸다. 페르는 '이메일 보기'를 클릭했다.

"으악! 지금 몇 시지?"

페르가 괴성을 질렀다.

"여섯 시야."

소파에 앉아 책을 읽고 있던 매씨가 놀란 눈으로 대답했다.

"30분 남았어."

"뭐가?"

"우리 팀 과제 제출 마감 시간."

"과제가 또 온 거야?"

"세 시간 전에. 배터리가 방전되어 이메일 도착 신호를 못 들었어."

TO: 페르
FROM: 프로브

(과제)
원 위에 여섯 개의 점이 같은 간격으로 놓여 있다. 이 점들로 만들 수 있는 직각삼각형은 모두 몇 개인가?

"어떤 문젠데?······"

매씨가 소파에서 벌떡 일어나 페르에게 달려왔다. 페르는 프로브 교수가 보낸 과제 내용을 화이트보드에 적었다.

"일단 그림부터 그려 보자. 그래야 문제를 푸는 방법이 떠오를 것 같아."

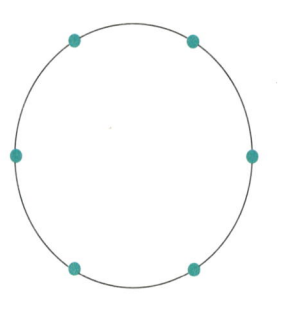

매씨는 이렇게 말하고는 다음과 같이 그렸다.

"일단 직각삼각형은 세 점을 연결해야 해."

매씨가 그림을 뚫어지게 보며 말했다.

"어떻게 해야 직각삼각형이 되는지 알 수가 없잖아?"

페르가 시계를 흘깃 쳐다보며 초조한 눈빛으로 말했다.

"원의 성질을 이용하면 될 거야."

"원의 어떤 성질?"

"원의 지름의 양 끝 점과 원주 위의 한 점을 연결한 삼각형은 항상 직각삼각형이 돼. 최초의 수학자인 그리스의 탈레스가 기원전 6세기경에 알아낸 정리야."

매씨는 이렇게 말하고는 지름을 푸른색으로 그리고 붉은 펜으로 원 주위의 한 점과 두 개의 선을 연결했다.

"그걸 이용하면 되겠구나. 그러면 다음과 같은 네 개의 직각삼각형이 생겨."

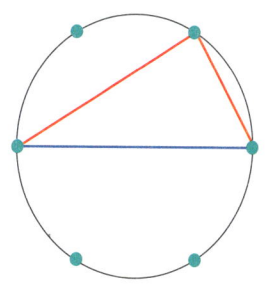

페르가 다음과 같이 네 개의 그림을 그렸다.

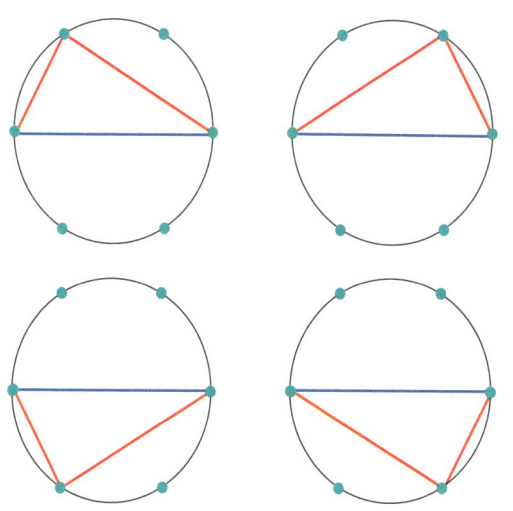

"답은 네 개야. 빨리 교수님께 이메일을 보내야겠어."

페르가 다급한 표정으로 컴퓨터로 달려갔다.

"페르, 잠깐 기다려."

매씨가 페르를 불러 세웠다.

"왜? 시간이 없단 말이야."

"아무리 시간이 없어도 틀린 답을 보낼 수는 없잖아?"

"그럼 이것 말고 직각삼각형이 더 있다는 얘기야?"

"물론."

매씨가 싱긋 웃으며 말했다.

"어떻게?"

페르가 어리둥절한 표정으로 물었다.

"우리가 생각한 지름은 파란색으로 표시한 지름뿐이었잖아. 하지만 지름을 그릴 수 있는 방법은 다음과 같이 세 가지야.

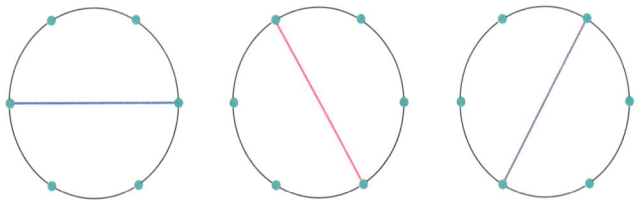

이 각각의 지름에 대해서 네 개씩의 직각삼각형이 생기니까 만들어지는 직각삼각형은 모두 3×4=12(개)야."

매씨의 설명이 끝나자 페르도 그제야 고개를 끄덕였다.

이제 남은 시간은 15분. 페르는 지금까지의 내용을 그림과 함께 정리한 다음 간단한 논문으로 작성해 프로브 교수에게 보냈다. 이메일을 보낸 시각은 6시 29분. 마감 시각 1분 전이었다.

이메일을 보내고 나서 두 사람은 안도의 한숨을 내쉬었다. 그리고 탈레스가 증명했다는 원의 성질에 대해 두 사람 나름대로 증명해 보기로 했다. 그리고 그 내용을 두 사람의 블로그에 올렸다.

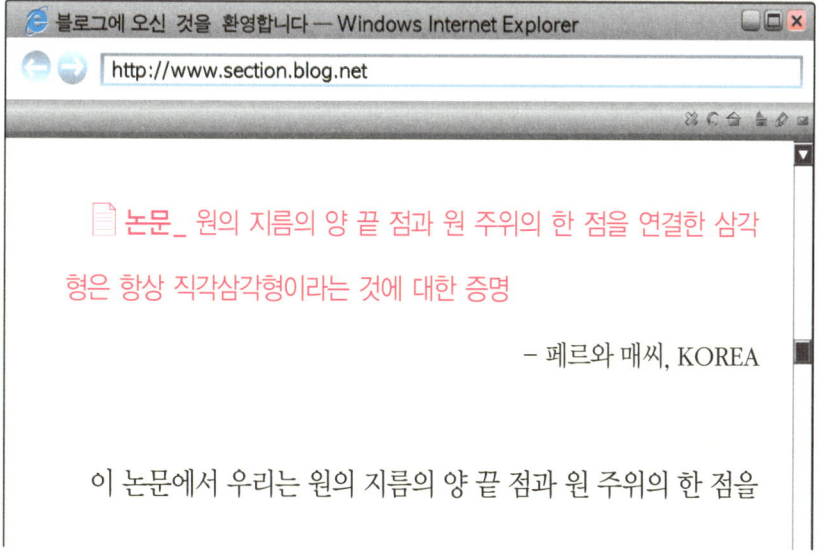

연결한 삼각형은 항상 직각삼각형이 됨을 증명해 보이려고 한다.

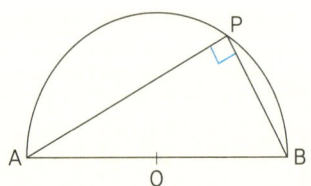

지름의 양 끝 점을 A, B, 원의 중심을 O, 원주 위의 임의의 한 점을 P라고 하자.

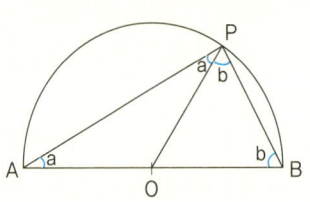

원의 중심 O와 P를 연결하고, ∠PAO를 a, ∠PBO를 b라고 하자.

여기서 AO, OP, OB는 반지름이므로 길이가 같다. 삼각형 OPA는 $\overline{OA}=\overline{OP}$이므로 이등변삼각형이다. 따라서 두 밑각이 같으므로 ∠OPA 역시 a가 된다. 마찬가지로 삼각형 OBP도 이등변삼각형이므로 ∠OPB도 b가 된다.

그러므로

$$\angle APB = a+b \qquad (1)$$

가 된다. 삼각형의 내각의 합은 180°이므로

$$\angle AOP = 180° - 2a \qquad (2)$$

$$\angle POB = 180° - 2b$$

이고

$$\angle AOP + \angle POB = 180° \quad (3)$$

이므로 (2)와 (3)을 변끼리 더하면

$$180° = 360° - 2a - 2b$$

가 된다. 이 식에서

$$2a + 2b = 180°$$

가 되고, 양변을 2로 나누면

$$a + b = 90°$$

가 된다. 이것과 (1)을 비교하면

$$\angle APB = 90°$$

가 된다.

루랄 마을에 닥친 위기

| 4색 문제 | ▼ 검색 |

"오늘 루랄 마을에 자원봉사 가는 날이지?"

매씨가 신이 난 표정으로 말했다.

매씨는 루랄 마을에 갈 때면 기분이 매우 들떴다.

루랄 마을은 매쓰브리지에서 조금 떨어진 곳에 있는 맑은 실개천이 흐르는 시골 마을이었다. 이곳의 이장인 호돈 아저씨의 부탁으로 매씨와 페르는 학교가 없어 수학을 배울 기회가 없는 마을 아이들에게 수학을 가르치고 있었다. 벌써 다섯 달이 지났지만 두 사람은 여전히 열성적으로 어린아이들에게 수학을 재미있게 가르치고 있었다.

아는 것과 가르치는 것은 다르다는 말처럼 두 사람이 처음 아이들을 가르칠 때는 너무 어렵게 강의를 해서 아이들이 전혀 이해하지 못했다. 하지만 요즈음에는 아이들의 눈높이에 맞춰 수업을 진행할 수 있을 정도로 경험이 쌓였다.

"뭘 가르칠 차례더라?"

페르가 물었다.

"오늘은 아이들하고 야유회 가기로 했잖아?"

"아참! 그렇지……."

페르가 주먹으로 자신의 머리를 쥐어박았다.

두 사람은 가까운 마트에 가서 아이들과 함께 먹을 과자와 음료수 등을 사서 배낭에 넣고 루랄 마을로 향했다. 아이들과 약속한 개천가에 도착하자 아이들이 모두 모여 앉아 있었다.

"안녕!"

매씨가 반갑게 아이들에게 인사했다.

"안녕하세요?"

아이들도 매씨와 페르에게 인사했다. 하지만 왠지 모르게 힘이 없어 보이는 얼굴이었다.

"무슨 일들 있니?"

페르가 아이들에게 과자와 음료수를 나누어 주며 물었다.

아이들은 아무 말도 하지 않고 고개를 푹 숙인 채 땅바닥만 내려다보고 있었다. 난처해진 페르는 머쓱한 표정으로 매씨를 바라보았다. 매씨도 꽤나 당황해하는 눈빛이었다.

"무슨 일이 있는 거 같아."

매씨가 페르의 귀에 대고 조그마한 목소리로 속삭였다.

페르도 심각한 표정으로 고개를 끄덕였다.

"우린 이제 어떡해요?"

주디라는 이름의 일곱 살짜리 소녀가 갑자기 울음을 터뜨리며 소리쳤다. 그러자 다른 아이들도 따라서 울기 시작했다.

"주디, 무슨 일이니?"

매씨가 주디에게 다가가 부드럽게 물었다.

"아버지가……."

주디는 말을 머뭇거렸다. 그러자 토미라는 일곱 살짜리 소년이 입을 열었다.

"마을 사람들이 모두 빚을 지게 되었어요."

"그게 무슨 소리야?"

매씨의 눈이 휘둥그레졌다.

"얼마 전에 어떤 아저씨가 마을에 와서 마을 사람들에게 공짜로 컴퓨터를 한 대씩 나누어 주고 인터넷을 연결해 주었어요. 그러고는 마을 사람들에게 인터넷을 하는 방법도 알려 주었지요. 그리고 심심하면 게임 사이트에 접속해 게임을 즐기라고 하면서 www.game.com 이라는 사이트를 소개해 줬지요.

그래서 우리 아빠를 비롯해서 마을 사람 모두 매일같이 그 사이트에 들어가 게임을 했어요. 그런데 게임을 할 때마다 돈을 잃기 시작하더니 그동안 저축해 둔 돈을 2주일 사이에 모두 날리고 빚까지 지게 되었어요."

토미가 차분하게 설명했다.

"말도 안 돼. 이런 평화로운 시골 마을에서 인터넷 게임으로 돈을 벌려 하다니……."

매씨가 울분을 터뜨렸다.

그날 야유회는 엉망이 되었다. 두 사람은 기숙사로 돌아와 간단히 저녁을 때우고는 페르의 방에서 아이들이 알려 준 사이트에 접속해 보았다. 하지만 성인임을 증명하지 않으면 들어갈 수 없는 사이트였다. 돈이 오고가는 인터넷 게임 사이트는 만 19세 이하는 입장할 수 없게 되어 있었기 때문이다.

그때 딩동 하는 소리가 울렸다. 페르와 매씨의 휴대전화에 동시에 새로운 이메일이 도착했다. 두 사람은 이메일 보기를 눌러 새로운 이메일을 열람했다. 프로브 교수로부터 온 과제 이메일이었다. 프로브 교수가 보낸 과제는 다음과 같았다.

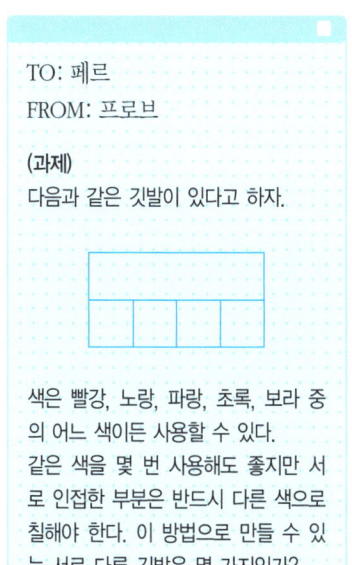

TO: 페르
FROM: 프로브

(과제)
다음과 같은 깃발이 있다고 하자.

색은 빨강, 노랑, 파랑, 초록, 보라 중의 어느 색이든 사용할 수 있다. 같은 색을 몇 번 사용해도 좋지만 서로 인접한 부분은 반드시 다른 색으로 칠해야 한다. 이 방법으로 만들 수 있는 서로 다른 깃발은 몇 가지인가?

"우와! 정말 황당한 문제야. 도무지 감이 오지 않아."

매씨가 혀를 내둘렀다.

"차근차근 생각하면 풀 수 있을 거야. 일단 다섯 개의 영역을 가, 나, 다, 라, 마로 구별해 보자."

페르가 축 처진 매씨의 기운을 북돋아 주었다. 그러고는 화이트보드에 다음과 같이 그렸다.

"이런 문제는 아무렇게나 덤벼들면 안 되고 순서를 정해서 헤아리는 게 좋을 거 같아."

페르가 차분한 얼굴로 말했다.

"좋아. 그럼 가부터 시작해서 나, 다, 라, 마의 순서로 색칠한다고 해 보자. 가에는 빨강, 노랑, 파랑, 초록, 보라 중 아무 색이나 칠해도 되니까 가를 칠할 수 있는 방법은 다섯 가지야."

매씨가 싱긋 웃으며 말했다.

"좋았어. 그럼 나를 칠하는 방법은 몇 가지일까?"

"똑같이 다섯 가지가 아닐까? 다, 라, 마를 칠하는 방법도 각각 다섯 가지. 그러면 전체 경우의 수는

$$5 \times 5 \times 5 \times 5 \times 5 = 3125(가지)$$

가 되는 건가? 조금 이상한데……."

매씨가 머리를 긁적였다.

"인접한 부분은 다른 색이어야 한다는 조건을 적용하지 않았잖아?"

페르가 가와 나를 가리키며 말했다.

"그렇구나. 가에 사용한 색을 나에는 사용할 수 없으니까 나에 칠할 수 있는 색의 종류는 다섯 가지가 아니라 네 가지가 돼."

매씨가 고개를 끄덕이며 말했다.

"그럼 전체 경우의 수는 $5 \times 4 \times 3 \times 2 \times 1 = 120(가지)$일까?"

페르가 되물었다.

"너무 간단한데……."

매씨가 미심쩍은 얼굴로 페르를 바라보았다. 두 사람은 잠시 화이트보드 뒤로 물러서서 그림을 응시했다. 얼마 후에 매씨가 말을 이었다.

"서둘지 말고 나까지 해결했으니 다, 라, 마의 경우를 차근차근 따져 보자. 우선 다를 봐. 다는 가와 나에 인접하고 있어. 그러니까 다에는 가하고 나와는 다른 색을 칠해야 해. 그러므로 다에 칠할 수 있는 방법은 세 가지야."

"내 추측이 맞잖아?"

페르가 눈을 크게 뜨고 소리쳤다.

"그렇다면 라를 칠하는 방법은 두 가지가 되어야 해. 그런데 라는 나와 인접해 있지 않으니까 나와 라는 같은 색으로 칠해도 돼. 그러니까 라에는 가와 다와 다른 색을 칠하면 되니까 라에 칠하는 방법은 세 가지야."

"어라! 두 가지가 아니잖아?"

페르가 멋쩍은 표정을 지었다.

"이제 마지막으로 마만 남았어."

매씨가 안도의 한숨을 쉬며 말했다. 그러자 페르가 싱긋 웃으며 말했다.

"마는 가, 라와 다른 색을 칠하면 되니까 마에 칠하는 방법은 세 가지야."

"좋아. 그러니까 지금까지 헤아린 내용을 정리하면 다음과 같이 되겠지."

매씨가 다음과 같이 썼다.

가를 칠하는 방법 …… 다섯 가지

나를 칠하는 방법 …… 네 가지

다를 칠하는 방법 …… 세 가지

라를 칠하는 방법 …… 세 가지

마를 칠하는 방법 …… 세 가지

"그렇다면 조건에 맞게 서로 다른 깃발을 만들 수 있는 방법은

5×4×3×3×3=540(가지)

이나 되는구나."

페르가 깔끔하게 결론을 내렸다.

프로브 교수의 제안

| 게임 확률 | ▼ 검색 |

다음날 아침, 두 사람은 프로브 교수를 찾아갔다. 프로브 교수는 수업이 없는 날이라 연구실에 있었다.

"한국의 수학 천재들이 아침부터 어쩐 일로 나같이 미천한 교수를 찾아온 건가?"

프로브 교수가 농담조로 말했다.

"천재는 우리가 아니라 교수님이시죠. 열일곱 살에 박사 학위를 받고 교수가 되었다는 얘기는 매쓰브리지의 전설이잖아요. 더구나 컴퓨터 프로그램에 대해서도 천재적이시고요."

매씨가 프로브 교수에게 미소를 지으며 말했다.

"게임이론을 전공하는 수학자가 컴퓨터를 잘 다루는 건 당연한 거지. 내가 천재라서가 아니고."

프로브 교수가 겸연쩍은 표정으로 말했다.

두 사람은 연구실 한가운데 있는 원탁에 앉아 프로브 교수가 타 주는 밀크티를 마셨다. 그러고는 루랄 마을 사람들이 피해를 입은 게임 사이트에 대해 자초지종을 얘기했다.

"게임으로 돈을 벌려고 하는 것은 나쁜 일이야. 게임이란 중독성이 있어서 절대로 끊을 수 없거든."

프로브 교수가 아주 언짢은 표정으로 말했다.

"하지만 이상해요. 어떻게 마을 사람들이 모두 잃기만 할 수 있지요? 따는 사람도 있어야 하는 거 아닌가요?"

페르가 날카롭게 질문했다.

"너는 이 게임 사이트가 불공정한 게임일지도 모른다는 생각을 하는구나?"

프로브 교수가 진지한 얼굴로 말했다.

"네."

"좋아. 만일 그 게임 사이트가 불공정한 게임을 하고 있다면 루랄 마을 사람들이 잃은 돈은 돌려받을 수 있을 거야. 그렇다면 좋아. 너희에게 컴퓨터 한 대를 빌려 주고 성인 인증을 해 줄 테니까 내 연구실에서 게임의 불공정성을 입증해 봐."

프로브 교수는 이렇게 말하면서 한쪽 벽에 놓여 있는 컴퓨터를 가리켰다. 컴퓨터 앞에는 두 개의 의자가 있어 매씨와 페르가 함께 앉아서 일할 수 있었다.

프로브 교수는 페르에게 자신의 주민등록번호와 신용카드 번호

를 알려주었다.

자신의 돈으로 직접 게임을 해 보고, 게임이 공정한지 불공정한지를 밝혀 보라는 뜻이었다. 두 사람은 프로브 교수에게 정중하게 고마움을 표시했다. 그때 마침 걸려 온 교장의 전화를 받고 프로브 교수는 연구실을 떠났다. 이제 프로브 교수의 연구실에는 매씨와 페르뿐이었다.

페르는 프로브 교수의 주민등록번호를 입력하여 성인 인증을 받고 게임 사이트에 회원 가입을 했다. 그리고 결제할 카드로 교수님의 신용카드 번호와 유효 기간과 비밀번호를 입력했다.

잠시 후 화면이 바뀌면서 '누구나 부자가 될 수 있는 게임의 세계로 여러분을 초대합니다.' 라고 쓴 초기 화면이 나타났다.

페르는 몇 개의 게임방 중에서 카드 게임방을 클릭했다. 그러

자 게임 방법에 대한 소개가 나타났다. 세 장의 카드를 이용하는 게임인데 첫 번째 카드는 앞면이 A이고 뒷면이 B이고, 두 번째

카드는 앞면이 B이고 뒷면이 C이며, 세 번째 카드는 앞면이 C이고 뒷면이 A였다. 세 장의 카드를 컴퓨터가 임의로 섞어서 앞면 또는 뒷면이 나오게 할 때, 세 장의 카드의 문자가 모두 다르면 손님이 이기고 그렇지 않으면 주인이 이기는 게임이었다.

페르는 일단 1유로를 걸고 첫 번째 게임 실행 버튼을 눌렀다.

잠시 후 세 장의 카드가 정신없이 빠르게 회전하는 모습이 보이더니 카드 세 장이 A, B, A를 나타냈다. 그리고 페르가 건 1유로는 순식간에 손님의 지갑에서 주인의 지갑으로 넘어갔다.

"뭐야, 잃었잖아?"

매씨가 놀란 눈으로 지갑에 든 돈이 비워지는 모습을 바라보며 말했다.

"일단 게임을 이해하기 위해서는 몇 번 더 해 봐야 해."

페르는 이렇게 말하고 손님 지갑에 3유로를 넣고, 1유로씩 세 번 더 게임을 해 보았다. 세 번 모두 주인이 이기는 바람에 페르의 지갑은 텅 빈 상태가 되었다.

"이러다간 교수님 돈을 다 잃겠어. 이제 그만하고 게임이 공정한지 아닌지를 따져보는 게 좋을 것 같아."

매씨가 몇 게임 더 해 보려는 페르를 말렸다.

페르도 매씨의 제안에 동의하고 컴퓨터에서 등을 돌려 매씨를 바라보며 말했다.

"좋아. 우선 게임의 공정성에 대한 정의를 알아야 해."

"확률을 이용해야 할 것 같아."

매씨가 말했다.

"확률은 어떤 사건이 일어나는 경우의 수를 전체 경우의 수로 나눈 값이야."

"맞아. 주사위를 던지면 일어나는 경우는 앞면 또는 뒷면의 두 가지야. 그러니까 주사위를 던져 앞면이 나올 확률은 $\frac{1}{2}$이 돼."

"게임이 공정하려면 손님이 이길 확률과 질 확률이 같아야 해."

"맞아. 너와 내가 가위바위보 게임을 한다고 해 봐. 내가 낼 수 있는 경우는 가위, 바위, 보의 세 가지이고 네가 낼 수 있는 경우 역시 가위, 바위, 보의 세 가지잖아."

"그렇다면 전체 경우의 수는 $3 \times 3 = 9$(가지)가 돼."

"모든 경우를 표로 만들어 보면 어떨까?"

매씨는 이렇게 말하고는 연구실 벽에 걸려 있는 작은 화이트보드로 걸어가 다음과 같은 표를 그렸다.

페르	매씨	결과
가위	가위	비김
가위	바위	매씨가 이김
가위	보	페르가 이김
바위	가위	페르가 이김
바위	바위	비김
바위	보	매씨가 이김
보	가위	매씨가 이김
보	바위	페르가 이김
보	보	비김

표를 한참 쳐다보던 페르가 말했다.

"내가 이기는 경우는 세 가지이니까 내가 이길 확률은 $\frac{3}{9}=\frac{1}{3}$이야. 그리고 매씨 네가 이기는 경우도 세 가지이니까 네가 이길 확률 역시 $\frac{3}{9}=\frac{1}{3}$이야."

"그렇다면 가위바위보 게임은 내가 이길 확률과 네가 이길 확률이 같으니까 공정한 게임이구나."

"맞아."

두 사람은 게임이 공정하기 위한 조건을 찾는 데 성공했다. 이제 이 카드 게임에서 주인이 이길 확률과 손님이 이길 확률을 비교하면 되는 문제였다.

"이 게임은 카드가 다르게 나오면 손님이 이기고 그렇지 않으면 주인이 이겨. 이 경우도 모든 경우를 조사해 보면 될 거야."

페르가 빙긋 웃으며 말했다.

"첫 번째 카드는 A 또는 B의 두 가지가 가능하고, 두 번째 카드는 B 또는 C의 두 가지가 가능하고, 세 번째 카드는 C 또는 A의 두 가지가 가능하니까 나올 수 있는 모든 경우의 수는

$$2 \times 2 \times 2 = 8(가지)$$

이 돼."

매씨가 미소를 지으며 말했다. 두 사람 모두 결과가 나올 것이라는 것을 내심 아는 듯한 얼굴이었다.

"매씨, 모든 가능한 경우를 표로 만들어 줘."

페르가 소리쳤다. 매씨는 화이트보드에 다음과 같은 표를 작성했다.

첫 번째 카드	두 번째 카드	세 번째 카드	결과
A	B	C	손님이 이김
A	B	A	주인이 이김
A	C	C	주인이 이김
A	C	A	주인이 이김

B	B	C	주인이 이김
B	B	A	주인이 이김
B	C	C	주인이 이김
B	C	A	손님이 이김

"뭐야? 주인이 이기는 경우는 여섯 가지, 손님이 이기는 경우는 두 가지잖아?"

화이트보드를 쳐다보던 페르가 놀라 소리쳤다.

"이 게임은 주인에게 유리한 게임이었어. 손님이 이길 확률은 $\frac{2}{8}=\frac{1}{4}$인 데 비해 주인이 이길 확률은 $\frac{6}{8}=\frac{3}{4}$으로 세 배나 높아. 이런 게임을 계속하면서 돈을 따기는 거의 불가능해."

매씨가 한숨 섞인 소리로 말했다.

사기 게임

구슬이 나올 확률 ▼ 검색

다음날도 두 사람은 프로브 교수의 연구실로 갔다. 또 다른 게임을 조사하기 위해서였다.

프로브 교수의 연구실 문에는 '오늘 세미나에 참석하는 관계로 자리를 비움'이라고 쓴 포스트잇이 붙어 있었다.

두 사람은 프로브 교수가 가르쳐 준 비밀번호를 입력해 문을 열고 연구실로 들어가 어제 작업했던 컴퓨터로 게임 사이트에 접속했다.

이번에는 매씨가 게임을 해 보기로 했다.

매씨가 선택한 게임은 구슬 경로 게임이었다. 이 게임은 다음

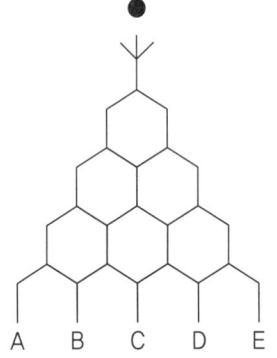

그림과 같이 폭이 일정한 관에 화살표 방향으로 구슬 하나를 넣을 때 구슬이 어디로 나올지를 알아맞히는 경기였다.

이 게임은 다섯 명이 동시에 접속할 수 있고, 다른 사람이 선택한 곳은 선택할 수 없게 되어 있었다.

매씨는 사이버 지갑에 3유로를 넣고, 그중 1유로를 B에 걸었다.

A, B, C, D, E에 돈을 건 사람들이 모두 결정되자 구슬이 움직이면서 관으로 들어갔다. 그리고 잠시 후 구슬은 C에 떨어졌다.

"그러니까 내가 한다고 했잖아?"

옆에서 매씨가 돈을 잃은 것을 보고 있던 페르가 짜증 섞인 투로 말했다.

"걱정 마. 나머지 두 게임에서 모두 이길 테니까."

매씨는 이렇게 말하고는 다시 1유로를 걸고 C를 선택하는 버튼을 눌렀다. 그러자 "C는 이미 다른 사람이 선택했습니다. 다른 곳을 선택하세요."라고 적힌 팝업창이 나타났다. 하는 수 없이 매씨는 D를 선택했다.

구슬이 다시 관 안으로 들어가더니 이번에도 역시 C로 나왔다.

"에고! 내가 먼저 C를 선택할걸!"

매씨는 아쉬운 듯 화면을 쳐다보고는 남은 돈을 걸고 다시 C 버튼을 눌렀다. 하지만 이번에도 C는 다른 사람이 이미 선택한 곳이어서 하는 수 없이 다시 B를 선택했다. 그리고 구슬이 다시 굴러 내려갔다. 이번에도 구슬은 C에 떨어졌다.

"왜 C는 항상 누가 선택했다고 나오는 거지?"

매씨가 입을 삐죽 내밀며 말했다.

"가만! 그림을 보니까 구슬이 C로 나올 확률이 가장 높은 것 같아."

페르가 뭔가를 발견한 듯 소리쳤다.

"그렇다면 사이트에서 C를 가짜 손님으로 만들어 항상 선택하게 해 두는 게 아닐까?"

"그렇다면 이건 사기 게임이지. 이길 확률이 높은 곳에 돈을 거는 것은 막고 이길 확률이 낮은 곳에 돈을 걸게 하니까."

"하지만 확률을 계산해 보기 전에는 아직 가설에 불과해."

"각각의 출구로 구슬이 나올 확률을 어떻게 계산하지?"

두 사람은 잠시 고민에 빠졌다. 그때 갑자기 딩동 하는 초인종 소리가 났다. 페르가 문을 열자 피자리아라는 피자가게의 배달맨이었다.

"피자 배달 왔습니다."

"피자 주문한 적 없는데요?"

페르가 어안이 벙벙한 표정으로 말했다.

"오늘 아침에 프로브 교수님이 주문했습니다. 미리 계산도 하셨고요."

배달맨이 웃으며 말했다.

페르는 배달맨에게서 피자를 건네받아 원탁 위에 놓고 종이 상자를 열었다. 요즘 인기 있는 페퍼로니 피자였다.

"우와! 맛있겠다."

매씨가 군침을 흘리며 원탁을 향해 돌진했다.

"잠깐! 먼저 교수님께 감사 표시를 하고……."

페르가 매씨를 막으며 말했다.

"오케이!"

매씨는 이렇게 말하고는 손으로 하트 모양을 만들고 애교 섞인 목소리로 "교수님! 짱 사랑해요!" 하고 말하고는 다시 피자를 향해 돌진했다.

"잠깐!"

페르가 매씨를 몸으로 다시 막으며 말했다.

"또 뭔데?"

매씨가 투덜댔다.

"똑같이 나눠야지. 우린 지금 공정한 게임의 수학적 원리를 연구하고 있잖아."

페르가 단호하게 말했다.

"반으로 나누면 공정하잖아?"

"반?"

갑자기 페르의 눈이 반짝거렸다.

"무슨 생각이 떠올랐어?"

매씨가 어리둥절한 표정으로 물었다.

"그래! 구슬은 계속 두 갈래길 중에서 하나를 선택하게 돼. 그런데 관의 폭이 일정하니까 구슬이 왼쪽 관으로 갈 확률이나 오른쪽 관으로 갈 확률은 모두 똑같이 $\frac{1}{2}$이야. 어쩌면 그것을 이용하면 문제를 해결할 수 있을 것 같아."

"괜찮은 생각이야. 하지만 금강산도 식후경이니까 우선 좀 먹고 하자. 아침도 못 먹었거든."

매씨가 배고파 죽겠다는 표정으로 말했다.

두 사람은 원탁에 앉아 피자를 여섯 등분해 각각 세 조각씩 먹었다. 매씨가 먹은 피자의 양은 전체의 $\frac{3}{6}=\frac{1}{2}$이고 페르가 먹은 피자의 양 역시 전체의 $\frac{3}{6}=\frac{1}{2}$이므로 두 사람은 공정하게 피자를 나눠 먹은 셈이었다.

"이제 문제를 해결하자."

페르가 마지막 피자 조각을 입에 넣으며 말했다.

"좋아. 이제 각각의 출구로 공이 나올 확률을 계산하면 되는 거지?"

매씨가 콜라를 마시며 행복한 얼굴로 말했다. 허기를 채워 에너지가 마구 넘치는 표정이었다.

"구슬이 들어가면 처음에 두 갈래 길을 만나게 돼. 이때 구슬이 갈 수 있는 길은 빨간색 길과 파란색 길의 두 가지 경우야."

"그렇다면 빨간색 길로 갈 확률은 $\frac{1}{2}$이 돼."

"맞아. 파란색 길로 갈 확률 역시 $\frac{1}{2}$이 돼."

"그 다음 단계는 어떻게 되는 거지?"

"일단 가능한 길들을 서로 다른 색으로 나타내 보자."

페르는 이렇게 말하고 다음과 같이 길마다 서로 다른 색을 칠했다.

"빨간색 길로 들어간 구슬이 초록색 길로 갈 확률과 하늘색 길로 갈 확률은 각각 $\frac{1}{2}$이야. 마찬가지로 파란색 길로 들어간 구슬이 보라색 길과 노란색 길로 갈 확률 역시 각각 $\frac{1}{2}$이고."

"그렇다면 빨간색 길로 간 다음에 초록색 길로 갈 확률은 $\frac{1}{2} \times \frac{1}{2} = \frac{1}{4}$이 되겠군."

"물론이야. 빨간색 길로 갈 확률과 빨간색 길에서 초록색 길로 갈 확률을 곱해야 하니까."

두 사람은 서로 마주보며 웃었다. 완벽한 규칙을 찾은 듯한 느낌이 들었기 때문이다. 그러고는 다음과 같이 정리했다.

구슬이 초록색 길로 나올 확률: $\frac{1}{2} \times \frac{1}{2} = \frac{1}{4}$

구슬이 하늘색 길로 나올 확률: $\frac{1}{2} \times \frac{1}{2} = \frac{1}{4}$

구슬이 보라색 길로 나올 확률: $\frac{1}{2} \times \frac{1}{2} = \frac{1}{4}$

구슬이 노란색 길로 나올 확률: $\frac{1}{2} \times \frac{1}{2} = \frac{1}{4}$

그리고 나서 두 사람은 다음 경로를 다른 색으로 칠했다.

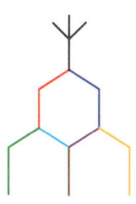

"가만 밤색 길로 갈 확률은 얼마지?"

매씨가 의문을 제기했다.

"빨간색 길로 간 후 하늘색 길을 거쳐 가거나 또는 파란색 길을 거쳐 보라색 길로 갈 수 있어."

페르가 설명했다.

"가만…… 이렇게 '또는'으로 연결되어 있을 때의 확률은 어떻게 되지?"

"글쎄. 주사위를 던지는 경우를 생각해 보자. 3이 나올 확률은 $\frac{1}{6}$이 되고, 짝수가 나올 확률은 $\frac{3}{6}$이야. 그러니까 3 또는 짝수가 나오는 경우는 2, 3, 4, 6이 나오는 경우이므로 $\frac{4}{6}$잖아? 그러니까 **두 경우가 '또는'으로 연결될 때의 확률은 각각의 확률의 합이야.**"

"그렇다면 밤색 길로 갈 확률은 $\frac{1}{4} + \frac{1}{4} = \frac{2}{4} = \frac{1}{2}$이 돼."

두 사람은 지금까지의 결과를 정리했다.

구슬이 초록색 길로 갈 확률: $\frac{1}{4}$

구슬이 밤색 길로 갈 확률: $\frac{1}{4}+\frac{1}{4}=\frac{1}{2}$

구슬이 노란색 길로 갈 확률: $\frac{1}{4}$

이런 식으로 두 사람은 다음 단계도 같은 방법으로 계산했다.

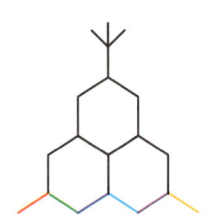

더 이상 칠할 색이 없어 계산을 마친 경로는 다시 검은색으로 나타냈다.

그러자 각각의 경로로 구슬이 굴러갈 확률은 다음과 같이 되었다.

구슬이 빨간색 길로 갈 확률: $\frac{1}{4}\times\frac{1}{2}=\frac{1}{8}$

구슬이 초록색 길로 갈 확률: $\frac{1}{4}\times\frac{1}{2}=\frac{1}{8}$

구슬이 파란색 길로 갈 확률: $\frac{1}{2}\times\frac{1}{2}=\frac{1}{4}$

구슬이 하늘색 길로 갈 확률: $\frac{1}{2}\times\frac{1}{2}=\frac{1}{4}$

구슬이 보라색 길로 갈 확률: $\frac{1}{4}\times\frac{1}{2}=\frac{1}{8}$

구슬이 노란색 길로 갈 확률: $\frac{1}{4}\times\frac{1}{2}=\frac{1}{8}$

그 다음 경로는 다음과 같았다. 이때 파란색 점선 경로로 갈 확률은 구슬이 초록색 길로 나올 확률과 파란색 길로 나올 확률의 합이 되고, 보라색 점선 경로로 갈 확률은 하늘색 길로 나올 확률과 보라색 길로 나올 확률의 합이 되므로 각각의 확률은 다음과 같이 계산되었다.

구슬이 빨간색 길로 갈 확률: $\frac{1}{4} \times \frac{1}{2} = \frac{1}{8}$

구슬이 파란색 점선 길로 갈 확률: $\frac{1}{8} + \frac{1}{4} = \frac{3}{8}$

구슬이 보라색 점선 길로 갈 확률: $\frac{1}{4} + \frac{1}{8} = \frac{3}{8}$

구슬이 노란색 길로 갈 확률: $\frac{1}{4} \times \frac{1}{2} = \frac{1}{8}$

두 사람은 같은 방법으로 A, B, C, D, E로 구슬이 나올 확률을 계산했다.

구슬이 A로 나올 확률: $\frac{1}{8} \times \frac{1}{2} = \frac{1}{16}$

구슬이 B로 나올 확률: $\frac{1}{8} \times \frac{1}{2} + \frac{3}{8} \times \frac{1}{2} = \frac{4}{16}$

구슬이 C로 나올 확률: $\frac{3}{8} \times \frac{1}{2} + \frac{3}{8} \times \frac{1}{2} = \frac{6}{16}$

구슬이 D로 나올 확률: $\frac{3}{8} \times \frac{1}{2} + \frac{1}{8} \times \frac{1}{2} = \frac{4}{16}$

구슬이 E로 나올 확률: $\frac{1}{8} \times \frac{1}{2} = \frac{1}{16}$

"우리의 예상이 맞았어. 구슬이 나올 확률이 가장 높은 곳은 C였어."

페르가 몹시 성이난 얼굴로 말했다.

"아마도 손님들이 C를 선택하지 못하도록 미리 프로그램 해 두었을 거야. 손님들은 확률이 낮은 곳에 돈을 걸게 되니까 결국 돈을 잃게 될 거고."

매씨도 기분이 나쁜 듯 주먹을 불끈 쥐며 말했다.

루랄 마을에 찾아온 평화

| 이진법 | ▼ 검색 |

그 다음날에도 두 사람은 세 번째 게임의 공정성을 확인하기 위해 프로브 교수의 연구실로 갔다. 이번에는 페르가 게임을 해 보기로 했다.

페르는 게임 사이트에 접속하더니 지난번에 택하지 않은 마지막 게임을 클릭하고 사이버 지갑에 5유로를 넣어 두었다.

이번 게임은 동전 던지기 게임이었다.

한 모서리의 길이가 12cm인 정육면체 상자가 있는데 밑면이 네 개의 합동인 정사각형이 되도록 서로 수직인 두 개의 빨간 직선이 그어져 있었다.

이 상자 안에 반지름의 길이가 1cm인 동전을 넣어서 충분히 흔든 다음 정지시켰을 때 동전이 빨간 직선과 만나면 손님이 이기고 그렇지 않으면 주인이 이기는 게임이었다.

페르는 한 번에 1유로씩을 걸고 다섯 번 게임을 했다. 하지만 다섯 번 모두 동전은 빨간 직선과 전혀 만나지 않았다.

"뭔가 냄새가 나는데……."

페르가 심각한 표정으로 말했다.

"이것도 손님에게 불리한 게임이 틀림없어."

매씨도 같은 생각이었다.

"동전이 빨간 직선과 만날 확률을 구해야 해."

"어떻게 구하지? 전혀 감이 안 잡히는데……."

두 사람은 멍한 표정으로 서로를 바라보았다. 이번 예는 두 사람에게 조금 어려운 문제인 듯했다.

그때 방문이 열리는 소리가 들렸다. 프로브 교수였다.

"어이, 천재들! 사기 게임 조사는 모두 끝났나?"

프로브 교수는 신이 난 표정으로 말했다.

"두 번째 게임까지는 게임이 불공정하다는 것을 증명했어요. 하지만 세 번째 게임은 도저히 모르겠어요."

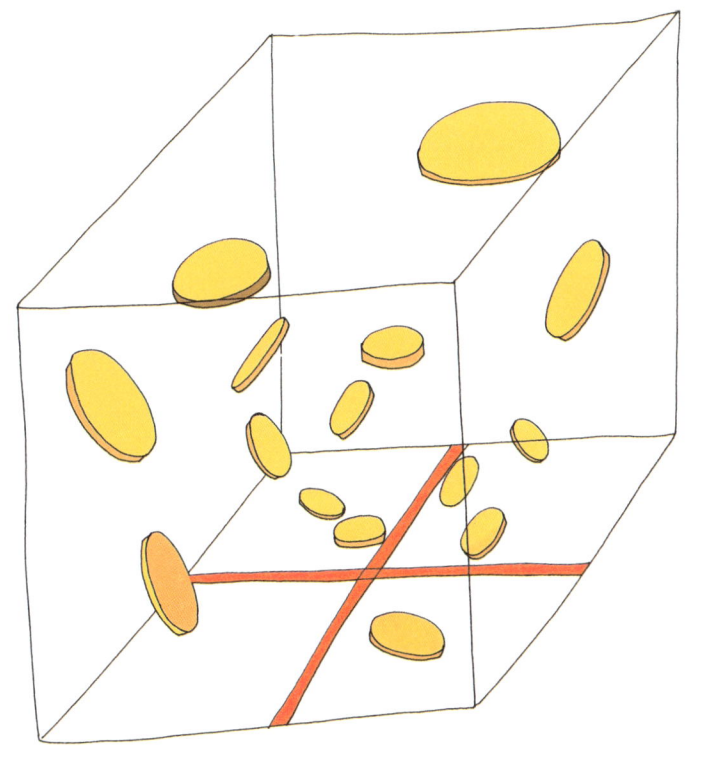

페르는 이렇게 말하고 프로브 교수에게 두 번째 게임까지 게임이 확률적으로 공정하지 않음을 증명한 노트를 건네주었다.

프로브 교수는 노트를 훑어보더니 고개를 끄덕거리고는 두 사람에게 말했다.

"좋아! 두 번째 게임까지는 불공정한 것이 틀림없군. 마지막 문제도 빨간 선과 동전이 만날 확률을 구하면 될 텐데."

"그걸 도저히 못 구하겠어요."

매씨가 아쉬운 표정으로 말했다.

프로브 교수는 종이 한 장을 꺼내 한 변의 길이가 12cm가 되는 정사각형으로 오렸다. 그리고 네 개의 합동인 정사각형이 만들어지도록 빨간 펜으로 서로 수직으로 만나는 두 개의 직선을 그렸다.

프로브 교수는 호주머니에서 1센트짜리 동전을 꺼내 반지름을 쟀다. 다행히 동전의 반지름은 1cm였다.

"이 문제는 기하학적 확률 문제야. 동전은 원 모양으로 생겼으니까 원의 중심이 어디에 있을 때 빨간 선과 만나는지를 조사하면 돼. 중심과 직선 사이의 거리가 원의 반지름보다 작거나 같으면 원은 직선과 만나게 되지."

프로브 교수는 다음과 같은 그림을 그렸다.

"직선과 만나지 않는 경우는 원의 중심과 직선 사이의 거리가 반지름보다 클 때겠군요."

매씨가 말했다.

프로브 교수는 원과 직선이 만나지 않는 경우의 그림을 그렸다.

"그렇다면 원의 중심이 직선과 만나도록 놓이는 경우의 수를 구하면 되겠군요."

페르가 예리한 눈빛으로 말했다.

"그렇지. 하지만 원의 중심이 놓일 수 있는 점은 무한히 많아. 그러니까 그 경우의 수를 구하기보다는 직선과 만나도록 원의 중심이 놓일 수 있는 영역의 넓이를 구하는 게 낫겠지."

프로브 교수가 싱긋 웃으며 말했다.

"그 넓이를 원의 중심이 놓일 수 있는 바닥의 넓이로 나누면 원이 직선과 만날 확률을 구할 수 있겠네요."

"그렇지. 이렇게 넓이를 비교하여 확률을 구하기 때문에 이런 확률을 기하학적 확률이라고 해."

프로브 교수는 이렇게 말하고는 나머지는 두 사람이 토론하여 해결하라는 신호를 보내고 책상으로 가서 서류를 들쳐 보았다.

"동전의 중심이 놓일 수 있는 넓이는 바닥 전체의 넓이가 아니라 바닥으로부터 1cm 이상 떨어진 곳이야."

페르는 이렇게 말하고는 다음과 같은 그림을 그렸다.

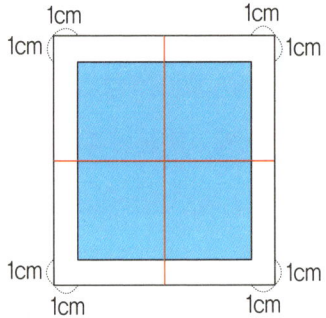

그러고는 다시 말을 이었다.

"그러니까 동전의 중심이 놓일 수 있는 부분은 하늘색으로 칠한 부분이야. 이것은 위아래로 1cm씩, 왼쪽 오른쪽으로 1cm씩

줄어든 정사각형이니까 한 변의 길이가 10cm인 정사각형이야. 그러니까 동전의 중심이 놓일 수 있는 부분의 넓이는

$$10 \times 10 = 100 \, (cm^2)$$

이야."

"동전과 직선이 만나려면 동전의 중심과 직선과의 거리가 1cm 이하가 되어야 하잖아? 그렇다면 다음과 같은 영역이 되겠어!"

매씨는 이렇게 말하고는 다음과 같이 색칠했다.

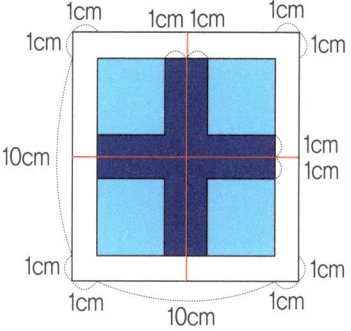

"동전의 중심이 파란색 부분에 있을 때 동전이 빨간 선하고 만난다는 거지?"

페르가 물었다.

"물론."

매씨가 싱긋 웃으며 대답했다.

"그럼 파란색 부분의 넓이를 구하면 되겠구나."

"파란색 부분의 넓이는 가로의 길이가 2cm이고 세로의 길이가 10cm인 직사각형의 넓이와 가로의 길이가 10cm이고 세로의 길이가 2cm인 직사각형의 넓이의 합에서 한 변의 길이가 2cm인 정사각형의 넓이를 빼면 돼."

정리해 보니 다음과 같은 계산이 나왔다.

$$\text{주인}: \frac{64}{100} \quad \text{손님}: \frac{36}{100}$$

모든 게임이 주인에게 유리했다. 즉, 게임을 계속하면 할수록 손님은 돈을 잃을 수밖에 없는 상황이었다.

"루랄 마을 사람들이 사기를 당한 거야. 일단 이 게임 사이트의 주소를 알아내야겠어."

페르가 다부진 표정으로 말했다.

"어떻게?"

매씨가 어리둥절한 눈빛으로 물었다.

"간단해. 도메인 이름 사이트를 해킹하면 돼."

페르는 이렇게 말하면서 .com으로 끝나는 도메인 회사의 사이트에 접속하더니 능숙한 솜씨로 www.game.com에 대한 모든 정보를 열람했다.

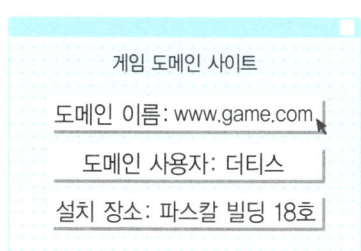

"파스칼 빌딩 18호?"

두 사람이 동시에 소스라치게 놀란 얼굴로 소리쳤다. 게임 사이트의 개설자는 지난번 두 사람이 가 보았던 파스칼 빌딩 18호였기 때문이었다.

"거기는 주식 프로그램 연구소였잖아?"

매씨가 의아해하며 말했다.

"위장 간판이 틀림없어."

페르가 두 주먹을 불끈 쥐고 힘주어 말했다.

그때 방문이 열리더니 프로브 교수가 들어왔다.

"어이, 천재들! 과제는 무사히 해결했나?"

프로브 교수가 물었다.

"역시 사기 게임 사이트였어요. 모든 게임이 주인에게 유리하도록 프로그램 되어 있어요. 근데 교수님, 0과 1만 나오는 컴퓨터 언어도 있나요?"

페르가 물었다.

"물론. 그걸 기계어라고 하지."

프로브 교수가 진지한 어조로 말했다.

"기계어가 뭐죠?"

이번에는 매씨가 물었다.

"컴퓨터는 0과 1만으로 된 이진법을 사용해."

프로브 교수가 턱을 만지작거리며 말했다.

"이진법이 뭐죠?"

페르와 매씨가 동시에 물었다.

"0과 1만으로 모든 수를 나타내는 거지."

"0과 1만으로 어떻게 모든 수를 나타내죠?"

페르와 매씨는 교수의 설명이 잘 이해가 되지 않는 듯 고개를 갸웃거렸다. 그러자 프로브 교수는 미소를 지으며 화이트보드 앞으로 걸어가더니 천천히 입을 열었다.

"수를 표시하는 방법을 기수법이라고 해. 우리가 주로 사용하는 기수법은 십진법이야. 수를 나타낼 때 자리가 하나씩 올라감에 따라 자리의 값이 10배씩 커지게 수를 표시하는 방법이 십진법이야. 그리고 십진법으로 나타낸 수를 십진법의 수라고 말하지. 예를 들어 324를 봐. 이때 3은 100의 자리, 2는 10의 자리, 4는 1의 자리이니까 자리가 하나씩 올라감에 따라 자리의 값이 10배씩 커지잖아? 이 경우 100, 10, 1이 자리의 값이지."

"그건 알고 있어요. 324는 백이 3개, 십이 2개, 일이 4개 있는 수라고 배웠어요. 그래서

$$324=300+20+4$$

라고 쓸 수 있지요."

매씨가 싱긋 웃으며 말했다.

"그게 바로 십진법이야. 이때 $300=3\times100$이고 $20=2\times10$이지? 그리고 $100=10^2$이니까

$$324=3\times10^2+2\times10+4\times1$$

로 나타낼 수 있어. 즉, 10의 거듭제곱을 이용해서 나타낼 수 있는데 이것을 십진법의 전개식이라고 불러."

교수가 설명했다.

"그렇다면 십진법의 수의 각 자릿수는 0, 1, 2, 3, 4, 5, 6, 7, 8,

9 중의 하나가 되겠군요?"

페르가 해맑게 웃으며 말했다.

"맞아."

교수가 신이 난 표정으로 말했다.

"그럼 이진법은 수를 나타낼 때 자리가 하나씩 올라감에 따라 자리의 값이 2배씩 커지게 수를 표시하는 방법인가요?"

매씨가 어깨를 으쓱거리며 물었다.

"맞았어. 바로 그게 이진법의 정의야. 이진법의 각 자릿수는 0과 1만을 사용할 수 있지."

교수가 흥이 나서 말했다.

"그럼 예를 들어 10이 십진법의 수인지 이진법의 수인지 어떻게 알죠?"

페르가 눈을 가늘게 뜨고 교수에게 물었다.

"그래서 이진법의 수를 나타낼 때는 $101_{(2)}$처럼 쓰고 '이진법으로 나타낸 수 일영일'이라고 읽어."

"이진법의 수는 2의 거듭제곱으로 전개되겠군요?"

매씨가 교수에게 동의를 구하는 표정으로 물었다. 프로브 교수는 자상하게 웃으며 고개를 끄덕였다.

"이진법의 수 $101_{(2)}$에서 맨 앞에 나오는 1은 2^2자리의 수이고, 0은 2의 자리의 수이고, 마지막에 나오는 1은 일의 자리수가 되는군요."

매씨가 끼어들었다.

프로브 교수는 팔짱을 낀 채 두 사람의 토론을 부추겼다.

"따라서 $101_{(2)}$을 이진법의 전개식으로 나타내면

$$1 \times 2^2 + 0 \times 2 + 1 \times 1 = 1 \times 2^2 + 1 \times 1$$

이 돼."

페르가 말했다.

"그게 바로 이진법의 수를 십진법의 수로 고치는 방법이야. $1 \times 2^2 + 1 \times 1 = 5$이니까 $101_{(2)}$은 십진법의 수 5를 나타내지."

프로브 교수가 점잖게 말했다.

그러고는 다시 두 사람을 돌아보며 말을 이었다.

"기계어란 컴퓨터가 가장 편한 0과 1만을 이용하여 명령을 내리는 언어를 말해. 너희들은 영어도 잘하고 한국어도 잘하지만 역시 한국어로 얘기하는 게 편하지?"

"물론이죠."

페르가 대꾸했다.

"마찬가지야. 컴퓨터도 기계어 외에 어셈블리어, C언어 같은 여러 언어를 이해할 수 있지만 역시 컴퓨터에게 가장 편한 언어는 기계어야. 즉, 같은 프로그램이라 해도 기계어로 만들면 컴퓨터가 잘 이해할 수 있으니까 속도도 빨라지지. 만일 기계어 외에 다른 언어로 명령하면 컴퓨터는 그 언어를 익숙한 기계어로 다시 바꾸어야 하니까 말이야."

이렇게 말하고 프로브 교수는 칠판에 다음과 같이 썼다.

```
00001   000   00001
00110   010   00010
00010   000   00011
```

"이게 바로 기계어로 만든 간단한 프로그램이야."

"어떤 명령이죠?"

매씨가 신기해하는 표정을 지으며 물었다.

"각 줄의 마지막 숫자들을 봐. 00001은 1을 이진법으로 나타낸 것이고, 00010은 2를 이진법으로 나타낸 것이고, 00011은 3을 이진법으로 나타낸 거야. 나머지 것들은 적당한 명령을 나타내는 기계어지. 예를 들어 둘째 줄의 맨 앞에 있는 00110은 더하라는 명령이지. 그러니까 이 세 줄은 '1번지에 있는 수와 2번지에 있는 수를 더해서 3번지에 저장하라'는 명령을 내리는 기계어란다."

프로브 교수가 자세하게 설명했다.

"교수님, 저희들이 사기 게임 사이트를 운영하는 곳을 알고 있어요. 교수님이 같이 가 주셔야겠어요."

페르가 다급한 표정으로 말했다.

두 사람은 프로브 교수의 차를 타고 파스칼 빌딩으로 향했다. 가는 길에 셤즈 형사에게도 연락을 해 두었다.

교수와 두 사람은 4층 18호로 올라갔다. 셤즈 형사가 18호 앞에 미리 도착해 있었다. 셤즈 형사는 문을 열고 방 안으로 들어가며 큰 소리로 외쳤다.

"꼼짝 마!"

컴퓨터 앞에 앉아 있던 20대로 보이는 세 남자가 화들짝 놀란 얼굴로 두 손을 높이 치켜 올렸다. 프로브 교수는 컴퓨터 앞으로 다가가더니 그들이 새롭게 만들고 있던 기계어 프로그램을 머릿속으로 번역하기 시작했다. 잠시 후 프로브 교수가 눈을 가늘게 뜨고 세 명의 사내를 노려보고는 다시 셤즈 형사와 시선을 맞추며 말했다.

"이들은 또다시 새로운 게임을 만들고 있어요. 물론 손님들에게 불리한 게임이지요."

잠시 후 셤즈 형사가 미리 연락했는지 두 명의 형사가 출동해 세 사람에게 수갑을 채워 경찰서로 호송했다.

결국 카지노 사건은 이렇게 일단락이 났고 경찰은 세 사람의 통장을 압수하여 그들이 불법으로 딴 돈을 잃은 사람들에게 나누어 주었다.

루랄 마을 사람들은 모두 기뻐하며 매씨와 페

르에게 너무도 고마워했고 다시는 어떤 종류의 도박에도 손을 대지 않겠다고 다짐했다. 루랄 마을에는 다시 평화가 찾아왔다. 어느덧 매씨와 페르의 매쓰브리지에서의 생활도 거의 끝나가고 있었다.

부록

정교수의
수학 강의

★ 심화학습

01_경우의 수

경우의 수를 헤아릴 때는 합의 법칙과 곱의 법칙이 적용됩니다. 우선 합의 법칙을 요약하면 다음과 같아요.

(1) 두 사건 A, B가 동시에 일어나지 않을 때 사건 A, B가 일어나는 경우의 수가 각각 m, n가지이면 A 또는 B가 일어나는 경우의 수는 $m+n$가지이다.

(2) 두 사건 A, B가 동시에 일어나는 경우가 있고, 사건 A, B가 일어나는 경우의 수가 각각 m, n가지, A, B가 동시에 일어나는 경우가 p가지이면 A 또는 B가 일어나는 경우의 수는 $m+n-p$가지이다.

(3) 합의 법칙은 3개 이상의 사건에 대해서도 성립한다.

주사위를 던져 2 또는 홀수의 눈이 나오는 경우의 수를 구해 봅시다. 이때 두 사건 A, B를 다음과 같이 놓습니다.

A: 2가 나온다.
B: 홀수가 나온다.

두 사건 A, B가 동시에 일어나지 않지요? 2가 나오는 경우의 수는 한 가지, 홀수는 1, 3, 5의 세 개이므로 홀수가 나오는 경우의 수는 세 가지입니다. 따라서 A 또는 B가 일어날 경우의 수는 합의 법칙에 따라

$$1+3=4(가지)$$

가 됩니다.

또 다른 예를 들어 볼까요?

1부터 10까지의 카드에서 한 장을 뽑을 때 짝수 또는 3의 배수가 나오는 경우의 수를 구해 봅시다. 이때 두 사건 A, B를 다음과 같이 놓습니다.

A: 짝수가 나온다.
B: 3의 배수가 나온다.

짝수가 나오는 경우의 수는 다섯 가지입니다. 3의 배수는 3, 6, 9의 세 종류이므로 3의 배수가 나오는 경우의 수는 세 가지입니다. 그러면 짝수 또는 3의 배수가 나오는 경우의 수는 5+3=8(가지)일까요? 아닙니다. 짝수이면서 동시에 3의 배수인 경우가 있지요? 6은 짝수이면서 동시에 3의 배수잖아요? 그러니까 짝수 또는 3의 배수가 나오는

경우의 수는 5+3-1=7(가지)입니다.

이번에는 곱의 법칙에 대해 알아봅시다. 곱의 법칙은 다음과 같이 정리할 수 있습니다.

(1) 사건 A가 일어나는 경우의 수가 m가지이고 B가 일어나는 경우의 수가 n가지이면 A가 일어남과 동시에 B가 일어나는 경우의 수는 $m \times n$가지이다.
(2) 곱의 법칙은 세 개 이상의 사건에 대해서도 성립한다.

> 서점에 갔더니 영어 참고서가 세 종류, 수학 참고서가 두 종류 있었습니다. 영어, 수학을 한 권씩 사려고 할 때 방법의 수는 몇 가지일까요?

영어 참고서를 사는 방법의 수는 세 가지, 수학 참고서를 사는 방법의 수는 두 가지이므로 구하는 경우의 수는 곱의 법칙에 의해 3×2=6(가지)입니다.

02_순열

서로 다른 n개에서 r개를 택하여 순서대로 늘어놓는 것을 n개에서 r개를 택하는 순열이라 하고, 이 순열의 수를 $_nP_r$이라 씁니다. $_nP_r$는 다음과 같이 정의됩니다.

$$_nP_r = n(n-1)(n-2)\cdots(n-r+1) = \frac{n!}{(n-r)!} \text{ (단, } n \geq r\text{)}$$

여기서 $n! = n(n-1)(n-2) \cdots 3 \cdot 2 \cdot 1$이고 '$n$팩토리얼'이라고 읽습니다. 몇 개의 팩토리얼을 나열해 보면 다음과 같습니다.

$$1! = 1$$
$$2! = 2 \times 1$$
$$3! = 3 \times 2 \times 1$$
$$4! = 4 \times 3 \times 2 \times 1$$
$$5! = 5 \times 4 \times 3 \times 2 \times 1$$

또한 팩토리얼의 성질에는 다음과 같은 규칙이 있습니다.

$$2! = 2 \times 1!$$
$$3! = 3 \times 2!$$
$$4! = 4 \times 3!$$
$$5! = 5 \times 4!$$

어떤 수의 팩토리얼은 그 수와 그보다 1 작은 수의 팩토리얼과의 곱이 되는군요.

$$(어떤 수)! = (어떤 수) \times (어떤 수 - 1)!$$

이것을 다음과 같이 쓸 수도 있습니다.

$$n! = n \times (n-1)!$$

0!은 얼마일까요? $n! = n \times (n-1)!$에 $n=1$을 대입해 봅시다. 그러면 $1! = 1 \times (1-1)!$이므로 $1! = 0!$이 되지요. 그런데 $1! = 1$이므로 $0! = 1$이 되어야 합니다.

이제 $_nP_r$의 공식이 어떻게 나왔는지 알아봅시다. 여기서 우선 r은 n보다 커서는 안 됩니다. 열 개 중에서 열한 개를 택할 수는 없으니까요.

$$r \leq n$$

다음과 같이 r개의 빈칸을 그려 봅시다.

1번	2번	3번	...	r번
□	□	□		□

1번 빈칸에는 n가지가 모두 올 수 있습니다. 하지만 2번 빈칸에는 1번 빈칸에 선택된 것은 올 수 없으므로 $(n-1)$가지가 올 수 있지요. 3번 빈칸에는 1번, 2번과 다른 것만 올 수 있으므로 $(n-1)$가지가 올 수 있습니다.

1번 빈칸: n
2번 빈칸: $n-1$
3번 빈칸: $n-2$

그러면 r번째 빈칸에는 몇 가지가 올 수 있을까요? 규칙을 찾으면 됩니다.

1번 빈칸: $n-(1-1)$
2번 빈칸: $n-(2-1)$
3번 빈칸: $n-(3-1)$

이 규칙대로라면 r번째 빈칸에는 $n-(r-1)$(가지)이 올 수 있습니다. 이제 n개에서 r개를 택해 일렬로 배열하는 경우의 수는

$$n \times (n-1) \times (n-2) \times \cdots \{n-(r-1)\}(가지)$$

입니다.

예를 들어

$$_4P_2 = 4 \times (4-1) = 4 \times 3$$

입니다.

이것은 다음과 같이 쓸 수 있어요.

$$_4P_2 = \frac{4 \times 3 \times 2 \times 1}{2 \times 1}$$

$$= \frac{4!}{2!}$$

같은 방법으로 다음과 같이 나타낼 수 있습니다.

$$_nP_r = \frac{n \times (n-1) \times (n-2) \times \cdots (n-r+1) \times \{(n-r) \times (n-r-1) \times \cdots \times 2 \times 1\}}{(n-r) \times (n-r-1) \times \cdots 2 \times 1}$$

만약 n과 r이 같으면 어떻게 될까요? 이것은 $_nP_n$이 됩니다. n개 중에서 n개를 모두 택해 일렬로 배열하는 순열의 수입니다. 이것을 공식에 넣으면

$$_nP_n = \frac{n!}{(n-n)!} = \frac{n!}{0!}$$

이고 $0! = 1$이므로

$$_nP_n = n!$$

입니다.

이번에는 $r=0$인 경우를 볼까요?

$$_nP_0 = \frac{n!}{(n-0)!} = \frac{n!}{n!} = 1$$

이 됩니다.

03_같은 것이 있을 때의 순열

다음과 같은 세 장의 카드를 보세요.

이 세 장의 카드로 만들 수 있는 세 자리 수는 다음과 같아요.

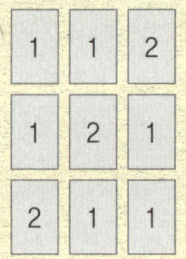

세 가지가 가능하군요. 세 개의 숫자 카드를 일렬로 배열하여 만들 수 있는 세 자리 수는 3!=6(개)이 되잖아요? 그런데 왜 이 경우는 세 가지 경우만 가능할까요? 그것은 바로 같은 숫자 1이 두 개 들어 있기 때문입니다.

1이 써어 있는 두 장의 카드를 빨간색 1과 파란색 1로 구분한 후 서로 다른 1로 취급하고 모든 가능한 경우를 나열하면 다음과 같습니다.

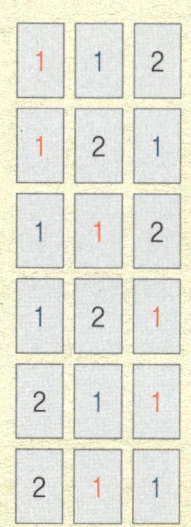

이것을 다음과 같이 배열해 봅시다.

윗줄과 아랫줄은 1의 색을 구분하지 않으면 완전히 같은 세 자리 수를 나타내는군요. 즉, 두 개의 1이 구별되면 여섯 개의 수가 나오는데 두 개의 1을 구별할 수 없고 같은 것으로 취급하면 두 개씩 같아지므로 그때의 경우의 수는

$$\frac{6}{2}(가지)$$

이 됩니다.

이것을 팩토리얼로 나타내면 다음과 같습니다.

$$\frac{3!}{2!}(가지)$$

이번에는 같은 것이 세 개 있을 때를 따져 봅시다. 1 세 장과 2 한 장으로 만들 수 있는 네 자리 수가 몇 개인지 조사해 볼까요? 세 개의 1을 서로 다른 색으로 나타내면 다음과 같이 됩니다.

1 1 1 2	1 1 2 1	1 2 1 1	2 1 1 1
1 1 1 2	1 1 2 1	1 2 1 1	2 1 1 1
1 1 1 2	1 1 2 1	1 2 1 1	2 1 1 1
1 1 1 2	1 1 2 1	1 2 1 1	2 1 1 1
1 1 1 2	1 1 2 1	1 2 1 1	2 1 1 1
1 1 1 2	1 1 2 1	1 2 1 1	2 1 1 1

두 번째 줄부터 여섯 번째 줄까지는 첫 번째 줄과 같은 수를 나타내는군요. 즉, 세 개의 1을 구별했을 때는 24개의 수가 나오지만 세 개의 1을 같은 것으로 취급하면 여섯 개씩 같아지므로 그때의 경우의 수는

$$\frac{24}{6} = 4(가지)$$

가 됩니다.

지금까지의 결과를 정리하면 다음과 같습니다.

전체 카드 수	같은 수가 적힌 카드 수	경우의 수
3	2	$\frac{6}{2}$
4	3	$\frac{24}{6}$

이것을 팩토리얼로 나타내면 다음과 같습니다.

전체 카드 수	같은 수가 적힌 카드 수	경우의 수
3	2	$\frac{3!}{2!}$
4	3	$\frac{4!}{3!}$

그러므로 다음과 같은 공식을 찾을 수 있습니다.

〈같은 것이 있을 때의 순열 공식〉

 n개 중 같은 것이 각각 p개, q개, r개가 있을 때의 이들 n개를 일렬로 배열하는 순열의 수는

$$\frac{n!}{p!q!r!} \text{(가지)}$$

이다.

04_최단 경로 문제

다음과 같은 도로망이 있을 때 A에서 B로 가는 최단 경로는 모두 몇 가지일까요?

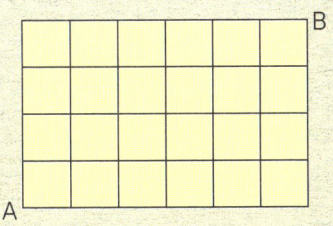

좀 더 간단한 도로망을 봅시다.

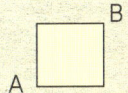

A에서 B로 가는 길은 두 가지입니다.

다음과 같은 도로망을 보세요.

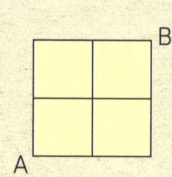

모든 가능한 최단 경로는 다음과 같습니다.

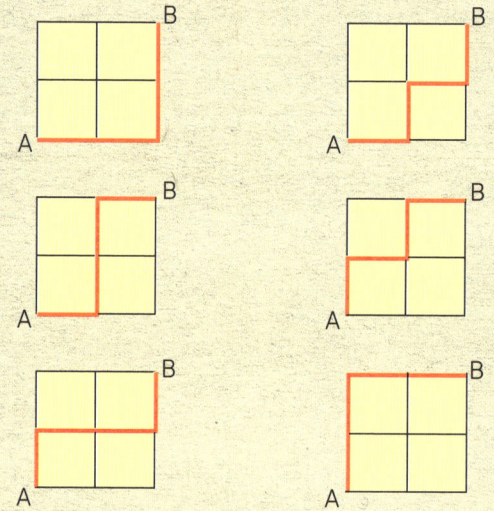

모두 여섯 가지입니다. 이 중 하나의 최단 경로를 볼까요?

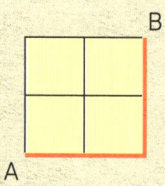

그림의 노선을 보면 가로 길로 두 칸 갔다가 세로 길로 두 칸 갔지요?

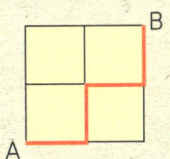

이번에는 가로 길, 세로 길, 가로 길, 세로 길의 순서로 갔지요? 어찌 되었든 이 도로망에서 가장 짧은 노선이 되려면 가로 길을 두 번, 세로 길을 두 번 지나야 합니다. 가로 길을 '가', 세로 길을 '세'라고 쓰고 여섯 개의 노선을 표시하면 다음과 같습니다.

가 가 세 세
가 세 가 세
가 세 세 가
세 가 세 가
세 가 가 세
세 세 가 가

즉, 최단 경로 문제는 같은 것이 있을 때의 순열 문제입니다. 즉, 가로 길이 두 개, 세로 길이 두 개인 경우 최단 경로의 수는 '가 가 세 세'를 일렬로 배열하는 경우의 수이므로 공식에 의해

$$\frac{4!}{2!2!} = 6(가지)$$

이 됩니다. 다시 원래의 문제로 돌아가 봅시다.

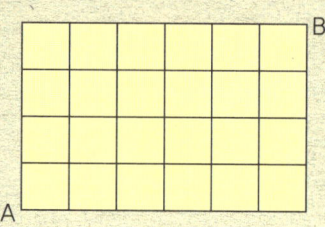

 가로 길이 여섯 개, 세로 길이 네 개이므로 이때 가능한 버스 노선의 개수는 '가 가 가 가 가 가 세 세 세 세'를 일렬로 배열하는 경우의 수인

$$\frac{10!}{6!4!} = 210(가지)$$

이 됩니다.

05_ 조합

서로 다른 n개에서 순서를 따지지 않고 r개를 뽑는 경우의 수를 조합이라고 하고, 이때 조합의 수를 $_nC_r$로 나타냅니다. $_nC_r$은 다음과 같습니다.

$$_nC_r = \frac{_nP_r}{r!}$$

예를 들어 다섯 개에서 두 개만 뽑는 조합의 수는

$$_5C_2 = \frac{_5P_2}{2!} = \frac{5!}{2!\,3!} = \frac{5 \times 4 \times 3 \times 2 \times 1}{2! \times 3 \times 2 \times 1} = \frac{5 \times 4}{2!} = 10(\text{가지})$$

입니다.
똑같은 방법으로 다음과 같이 계산할 수 있습니다.

$$_6C_2 = \frac{_6P_2}{2!} = \frac{6!}{2!\,4!} = \frac{6 \times 5 \times 4 \times 3 \times 2 \times 1}{2! \times 4 \times 3 \times 2 \times 1}$$

$$= \frac{6 \times 5}{2 \times 1} = 15(\text{가지})$$

$$_7C_3 = \frac{_7P_3}{2!} = \frac{7!}{3!\,4!} = \frac{7 \times 6 \times 5 \times 4 \times 3 \times 2 \times 1}{3! \times 4 \times 3 \times 2 \times 1}$$

$$= \frac{7 \times 6 \times 5}{3 \times 2 \times 1} = 35(가지)$$

$$_8C_5 = \frac{_8P_5}{5!} = \frac{8!}{5!3!} = \frac{8 \times 7 \times 6 \times 5 \times 4 \times 3 \times 2 \times 1}{5! \times 3 \times 2 \times 1}$$

$$= \frac{8 \times 7 \times 6}{3 \times 2 \times 1} = 56(가지)$$

다음 세 개의 점을 보세요.

세 개의 점으로 만들 수 있는 서로 다른 직선의 수를 구해 봅시다.

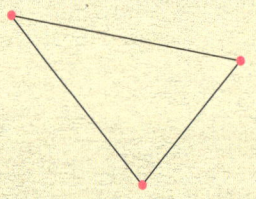

세 개이군요. 이때 세 점을 1, 2, 3으로 나타내 볼까요?

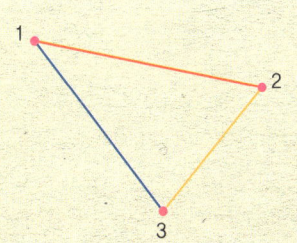

빨간색 직선은 점 1과 점 2를 택한 경우이고, 노란색 직선은 점 2와 점 3을 택한 경우이고, 파란색 직선은 점 1과 점 3을 택한 경우입니다. 이렇게 세 개의 점에서 두 개의 점을 택하는 경우의 수가 세 점으로 만들 수 있는 서로 다른 직선의 수가 됩니다. 이 경우 세 개의 점에서 두 개를 택하는 방법은 $_3C_2 = 3$(가지)이므로 직선의 수는 세 개가 됩니다.

그러면 점이 네 개인 경우를 볼까요?

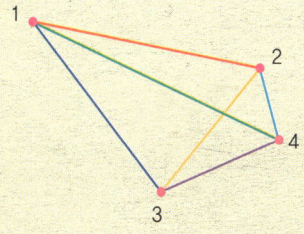

모두 여섯 개의 직선이 만들어지지요? 이 경우도 네 개의 점에서

두 개의 점을 택하는 경우의 수가 $_4C_2=6$(가지)이기 때문입니다. 일반적으로 일직선 위에 있지 않은 n개의 점이 있을 때 두 점을 잇는 직선의 개수는

$$_nC_2(개)$$

입니다.

이번에는 삼각형을 만드는 경우를 봅시다. 네 개의 점으로 몇 개의 삼각형을 만들 수 있을까요?

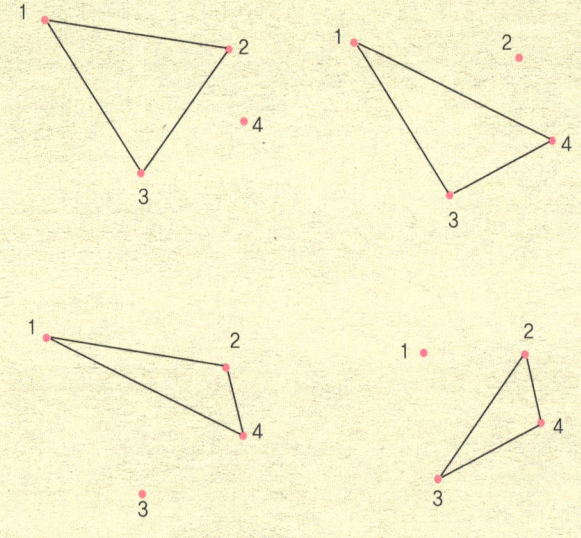

네 개의 점으로 만들 수 있는 삼각형은 모두 네 개이군요. 여기서 꼭짓점만을 써 보면 다음과 같습니다.

1, 2, 3, 4에서 세 개를 뽑는 조합이군요. 삼각형을 만들려면 세 개의 점이 필요하므로 네 개의 점으로 만들 수 있는 삼각형의 수는 네 개 중에서 세 개를 뽑는 조합의 수가 됩니다. 즉, 일직선 위에 있지 않은 서로 다른 n개의 점에서 세 점으로 만드는 삼각형의 개수는 $_nC_3$ (개)입니다.

이것을 이용하여 아래 그림에서 크고 작은 사각형이 모두 몇 개인지 헤아릴 수 있습니다.

다음 도형을 봅시다.

이 도형에서 크고 작은 사각형을 모두 헤아려 볼까요? 우선 가장 작은 사각형은 다음과 같이 여섯 가지입니다.

두 칸으로 이루어진 옆으로 길쭉한 사각형은 다음과 같이 네 가지 입니다.

두 칸으로 이루어진 세로로 길쭉한 사각형은 다음과 같이 세 가지입니다.

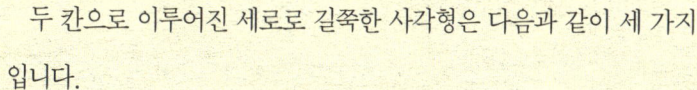

세 칸으로 이루어진 사각형은 다음과 같이 두 가지입니다.

네 칸으로 이루어진 정사각형은 다음과 같이 두 가지입니다.

마지막으로 여섯 칸으로 이루어진 사각형은 다음과 같이 한 가지입니다.

즉, 만들 수 있는 사각형의 개수는 6+4+3+2+2+1=18(개)이 됩니다. 사각형은 두 개의 수평 직선과 두 개의 수직 직선으로 만들어집니다. 그러므로 가로 직선을 빨간색으로, 세로 직선을 파란색으로 칠해 봅시다.

빨간색 선 중에서 두 개를 택하고, 파란색 선 중에서 두 개를 택하면 사각형이 만들어집니다. 예를 들어 두 번째, 세 번째 파란색 선과 첫 번째, 두 번째 파란색 선을 택하면 한 칸짜리 사각형이 만들어지지요.

그러므로 가로 줄에서 두 개를 뽑고 세로 줄에서 두 개를 뽑는 경우의 수가 만들어질 수 있는 사각형의 개수입니다. 이 그림에서 가로 줄은 세 개이므로 이 가운데 두 개의 선을 택하는 방법은 $_3C_2 = 3$(가지)이고, 세로 줄은 네 개이므로 이 중에서 두 개의 선을 택하는 방법은 $_4C_2 = 6$(가지)이므로 만들 수 있는 사각형의 개수는

$$_3C_2 \times {}_4C_2 = 18 \text{(가지)}$$

입니다.

원래의 문제로 돌아가면 가로 줄은 여섯 개이고 세로 줄은 열한 개이므로 구하는 사각형의 개수는

$$_{11}C_2 \times {}_6C_2 = 825 \text{(가지)}$$

가 됩니다.

06_ 확률

사건 A가 일어날 확률을 P(A)라고 쓰며 P(A)는 사건 A가 나오는 경우의 수를 전체 사건의 경우의 수로 나눈 값으로 정의합니다.

동전 세 개를 던졌을 때 앞면의 개수에 따라 사건을 나누면 다음과 같습니다. 앞면이 나오는 경우를 H, 뒷면이 나오는 경우를 T라고 써 봅시다.

앞면이 세 개 나오는 사건: A={HHH}
앞면이 두 개 나오는 사건: B={HHT, HTH, THH}
앞면이 한 개 나오는 사건: C={HTT, THT, TTH}
앞면이 0개 나오는 사건: D={TTT}
전체 사건: U={HHH, HHT, HTH, THH, HTT, THT, TTH, TTT}

전체 사건의 경우의 수가 여덟 개이므로 각 사건의 확률은 다음과 같습니다.

앞면이 세 개 나올 확률: $P(A) = \dfrac{1}{8}$

앞면이 두 개 나올 확률: $P(B) = \dfrac{3}{8}$

앞면이 한 개 나올 확률: $P(C) = \dfrac{3}{8}$

앞면이 0개 나올 확률: $P(D) = \dfrac{1}{8}$

각 사건이 일어날 확률을 모두 더해 봅시다.

$$\dfrac{1}{8} + \dfrac{3}{8} + \dfrac{3}{8} + \dfrac{1}{8} = 1$$

이처럼 모든 사건의 확률의 합은 항상 1이 됩니다.

주사위 두 개를 던져서 나올 두 눈의 합은 2부터 12까지 가능합니다. 모든 사건을 나열하면 다음과 같습니다.

두 눈의 합이 2인 경우: (1, 1)
두 눈의 합이 3인 경우: (1, 2), (2, 1)
두 눈의 합이 4인 경우: (1, 3), (2, 2), (3, 1)
두 눈의 합이 5인 경우: (1, 4), (2, 3), (3, 2), (4, 1)
두 눈의 합이 6인 경우: (1, 5), (2, 4), (3, 3), (4, 2), (5, 1)
두 눈의 합이 7인 경우: (1, 6), (2, 5), (3, 4), (4, 3), (5, 2), (6, 1)
두 눈의 합이 8인 경우: (2, 6), (3, 5), (4, 4), (5, 3), (6, 2)
두 눈의 합이 9인 경우: (3, 6), (4, 5), (5, 4), (6, 3)
두 눈의 합이 10인 경우: (4, 6), (5, 5), (6, 4)
두 눈의 합이 11인 경우: (5, 6), (6, 5)
두 눈의 합이 12인 경우: (6, 6)

전체 경우의 수는 36가지이므로 각 사건이 일어날 확률은 다음과 같습니다.

두 눈의 합이 2일 확률: $\dfrac{1}{36}$

두 눈의 합이 3일 확률: $\dfrac{2}{36}$

두 눈의 합이 4일 확률: $\dfrac{3}{36}$

두 눈의 합이 5일 확률: $\dfrac{4}{36}$

두 눈의 합이 6일 확률: $\dfrac{5}{36}$

두 눈의 합이 7일 확률: $\dfrac{6}{36}$

두 눈의 합이 8일 확률: $\dfrac{5}{36}$

두 눈의 합이 9일 확률: $\dfrac{4}{36}$

두 눈의 합이 10일 확률: $\dfrac{3}{36}$

두 눈의 합이 11일 확률: $\dfrac{2}{36}$

두 눈의 합이 12일 확률: $\dfrac{1}{36}$

그러므로 두 눈의 합이 7이 나올 확률이 $\dfrac{6}{36}$으로 가장 높고, 두 눈

의 합이 2, 12가 나올 확률이 $\frac{1}{36}$로 가장 낮습니다.

다음 그림과 같은 과녁을 봅시다.

화살이 각 영역에 맞을 확률을 구해 봅시다. 이때는 영역의 크기를 비교하면 됩니다. 빨간색 부분의 넓이, 파란색 부분의 넓이, 노란색 부분의 넓이를 비교하면 되지요. 영역의 넓이가 넓을수록 맞히기 쉬우며 맞힐 확률도 높아지지요.

가장 안쪽 원의 반지름을 1, 가운데 원의 반지름을 2, 바깥쪽 원의 반지름을 3이라고 합시다. 그러면 각 영역의 넓이는 다음과 같습니다.

빨간색 부분의 넓이: $\pi \times 1^2 = \pi$
파란색 부분의 넓이: $\pi \times 2^2 - \pi \times 1^2 = 3\pi$
노란색 부분의 넓이: $\pi \times 3^2 - \pi \times 2^2 = 5\pi$
전체 원의 넓이: 9π

각 영역의 넓이를 전체 넓이로 나눈 것이 그 영역에 화살이 맞을 확률이므로

빨간색 부분을 맞힐 확률: $\frac{1}{9}$

파란색 부분을 맞힐 확률: $\frac{3}{9}$

노란색 부분을 맞힐 확률: $\frac{5}{9}$

가 됩니다. 즉, 노란색 원을 맞힐 확률이 가장 높고 빨간색 원을 맞힐 확률이 가장 낮습니다. 즉, 노란색 원을 맞히기는 쉽고 빨간색 원을 맞히기는 어렵다는 뜻이지요. 그러므로 어려운 일을 한 사람에게 점수를 더 주어야 한다는 원칙에 따라 빨간색 원의 점수를 가장 높게 하고, 노란 원의 점수를 가장 낮게 정해야 합니다.